中学校
創作脚本集
2018

中学校創作脚本集2018編集委員会 編

晩成書房

『中学校創作脚本集　２０１８』の発刊にあたって

中学校演劇の歴史に新たな１ページを切り拓く創作作品が今、次々と生まれている。

中学校創作脚本集・編集委員会
山下秀光
大沢　清

中学校演劇を愛する全国のみなさん。

今、ここに新しいシリーズの第1作である「中学校創作脚本集　２０１８」が発刊できたこと、まず何よりうれしく思っています。今回この作品集には中学生のみなさんが書かれた作品が5作品、顧問の先生、外部指導員による作品が5作品、昨年から今年にかけて北は北海道から南は九州・沖縄まで全国で上演され話題となった最も新しい10作品が収録されています。執筆されたみなさんをはじめ、この創作脚本集の出版にご協力いただいた多くのみなさまに編集委員会を代表して心よりお礼を申し上げます。

みなさん。

私たちは先に2009年より10年に渡って「最新中学校創作脚本集」を刊行してまいりました。その年度の最も新しい創作作品を60編以上収録し、全国の多くのみなさまに好評をいただきました。そして、この10年間中学校演劇の活動に熱気と創作の風を巻き起こしてきました。特に注目されたのは、今を生きる中学生のみなさん自身の手によって書き上げ、その後演劇部のみなさんの討論の中で練りあげられ上演されて1編の作品が生み出されてきたということです。中学生のみなさんの新鮮な、中学生のみなさんでしか表現できない感性ゆたかな作品が全国各地の中学校から生まれてきているのです。この流れは今、ひとつの大きなうねりとなって中学校演劇の歴史に新しい1ページを切り拓くエネルギーとなっています。


全国のみなさん。

今日、中学校の演劇活動は全国各地で大きな盛り上りを見せています。各校の演劇部による新入生歓迎公演や文化祭などでの校内発表、地区での数校から数十校でのコンクールや発表会での上演、さらに県レベルの発表会などにたくさんの学校が参加しています。

また毎年8月には全国中学校文化連盟よる全国中学校総合文化祭が開催され、その中でも演劇会場が設けられ、全国各都県中文連の推薦による代表校が一堂に会し演劇の上演や交流も行われています。

今年（2018年）8月長崎県佐世保市で行われる全国中学校総合文化祭長崎大会には北海道代表をはじめ岩手、埼玉、千葉、東京、神奈川、岡山、福岡、大分、長崎、沖縄の代表11校の参加が決まっています。演劇の参加が毎年増えているのはうれしいことです。

このあと全国中学校総合文化祭は２０１９年富山、２０２０年福岡、東日本大震災から10年となる２０２１年には岩手での開催が決まっています。

こうした状況のなかで中学校演劇の全国大会を開催しようとの熱い声がたくさん届けられています。中学校演劇の全国大会が開かれるとしたら、あの高校演劇の全国大会のようにそれは中学校演劇の創作作品による全国大会しかありません。私たちはその日が一日も早くやってくることを強く願っています。その意味でも私たちはこのシリーズを２０２２年までの５年間を第１期として毎年１冊ずつ刊行していく決意であります。

中学校演劇を愛する全国のみなさん。

この新シリーズである「中学校創作脚本集」への絶大なご支援を心よりお願い申し上げます。そして中学校演劇活動、中学校創作劇の運動をより一層大きく全国に広げていこうではありませんか。その中から全国の中学生のみなさんや、さらには顧問の先生方による新鮮でエネルギーに満ちた創作作品が生みだされ、優れた作品を私たち編集委員会に届けてくださることを、心より願っています。

最後に、新企画「中学校創作脚本集」へのさまざまなアドバイスをいただき、その上で出版を快く引き受けてくださった晩成書房の水野久社長、関係者のみなさまに心からお礼を申し上げて、発刊のごあいさつとさせていただきます。

２０１８年６月

もくじ

発刊にあたって　山下秀光・大沢 清……3
つばさ～創作にチャレンジしたい人たちのための創作劇～　斉藤俊雄……7
ちょっと、メロス　平成二十九年度 茅ケ崎中学校演劇部……38
10years～希望の桜～　仲間 創……66
新作ちゃんめぐ浪忍記　遠藤琴和＋横浜市立日吉台西中学校演劇部……85
法廷劇「償《つぐな》い」　山城美香……98
ゲキブの扉　柴田静香……110
そこまでも　見山沙月／補筆・大網中学校演劇部……128
冥界のスープ　西沢遥輝／補筆・大網中学校演劇部……149
『アイ』　三浦結衣／潤色・ちかだよしあき……169
嘘象物語　鈴木仁志……190
上演の手続き……218

つばさ　～創作にチャレンジしたい人たちのための創作劇～

斉藤俊雄

登場人物

セリナズーナL　広岡ひろ
セリナズーナS　鈴木スズナ
スズシロウ
夏瀬里菜《りな》
星あかり
赤井　凛
緑川琴葉
青島　舞
黒岩咲月
金城百合
円谷エリカ
実相寺アキ
上原美里
市川美森
番場美咲先生

御形《ごぎょう》
バルタン星人
ナレーター1～4

File1『言葉の綾』
アンポンタン先生　（セリナズーナL）
サタン酸性　（スズシロウ）

File2『美女と野菜』
セーラームーミン先生　（セリナズーナL）
ゴメス　（生徒1 or 赤井）
ギャオス　（生徒2 or 緑川）
ハクサイ　（生徒3 or 青島）
ピーマン　（生徒4 or 黒岩）
鬼1　（生徒5 or 金城）
鬼2　（生徒6 or 円谷）
鬼3　（生徒7 or 実相寺）
鬼4　（生徒8 or 上原）
鬼5　（生徒9 or 市川）

『桃・太郎』
ナレーター　（セリナズーナL）
桃・太郎　（赤井）
かつら姫　（緑川）
サル　（青島）
犬　（金城）
小鹿　（黒岩）
鬼　（円谷）
鬼　（実相寺）
鬼　（上原）
鬼　（市川）

File3『もしもの世界』
セリナズーナL
セリナズーナS　スズナ
スズシロウ
バルタン星人　（スズシロウ）
アンポンタン先生　（セリナズーナL）

File4『ニュー・ヒーロー』
アンポンタン先生　（番場先生）
サタン酸性　（スズシロウ）

プロローグ

緞帳が上がる。

そこは、背景がなにもない素舞台。

舞台は、基本的には演劇部が活動している教室（以後、部室と表記する）。

しかし、時に全く別の場所になる。

舞台中央にはセリナズーナ（今後、セリナズーナLと表記する）が丸椅子に座っていて、三十年前に自らが書いた日記帳を読んでいる。

その両脇には六歳のセリナズーナ（以後セリナズーナSと表記する）と御形《ごぎょう》が丸椅子に座っている。

御形は駄菓子屋のおばさんをイメージした服装をしている。

舞台上手側と下手側には丸椅子が二脚ずつ並べられ、そこにナレーター1〜4が座っている。

ナレーターは全員、出版された『セリナズーナの日記』を読んでいる。

セリナズーナLが立ち上がり顔を上げる。

セリナズーナL　今から三十年前、二〇□□年（劇を上演する年）四月一日、私は地球にやってきた。今、こうしてこの日記を読むと、あの頃のことが懐かしく思い出される。

ナレーター全員　『セリナズーナの日記』

ナレーター1　二〇□□年四月二日

ナレーター2　今日は私の十三歳の誕生日。

ナレーター3　この日記帳は、誕生日のプレゼントとしてパパから贈られました。

ナレーター4　私は、記念すべき今日この日に、日記を書き始めます。

ナレーター1　私は、この日記帳に名前をつけることにしました。

ナレーター2　私は、あなたのことを

ナレーター全員　「つばさ」

ナレーター3　と呼びます。

ナレーター全員　「つばさ」はじめまして。

ナレーター4　まずは自己紹介。

セリナズーナL　私の名前はセリナズーナ。私の故郷は、ウルトラマンと同じM78星雲。私は、ヒーローとして地球にやってきた。

台詞の中でセリナズーナSが立ち上がり、前に歩いていき、セリナズーナLの横で止まる。

セリナズーナL　（セリナズーナSを指して）六歳の私。私は、六歳からヒーロー養成学校に通い始めた。駆け足は得意で、運動会の一〇〇メートル競走はいつも一位だった。記録は三秒二。

セリナズーナS　でも、私の願いは……
セリナズーナL　そう、六歳からずっと胸に抱いている
セリナズーナS・L　私の願いは……

セリナズーナLとセリナズーナSが、『翼をください』を歌う。

セリナズーナS・L　♪「この大空に翼を広げ　飛んで行きたいよ」♪
セリナズーナS・L　私は、空を飛ぶ翼がほしかった。
ナレーター1　つばさ、私には話したいことがたくさんあります。
ナレーター2　でも、ヒーローとしての活動を話すことは禁じられています。
ナレーター3　だから、あなたにだけ話します。
ナレーター4　どうか嫌がらずに聞いてください。
ナレーター1　つばさ、私は地球に到着後、すぐに駄菓子屋「七草」を訪れました。
ナレーター2　御形さんに会うためです。
ナレーター3　御形さんは、私たちヒーローと地球人をつなぐ秘密組織の人間です。

セリナズーナLが空間をノックする。（ノックの音。以後、効果音はナレーターが生み出す）

御形が、丸椅子から立ち上がり、セリナズーナLの前に立つ。

御形　セリ。
セリナズーナL　ナズナ。

御形がパントマイムでドアを開ける。

御形　セリナズーナ、手続きは全て整ってるよ。あんたは、明日、七つ森中学校に行って、そこで二十三歳の先生を演じるんだ。
セリナズーナL　私は、まだ十三歳。二十三歳の先生を演じるなんて無理です。
御形　大丈夫、あんたはヒーロー養成学校のエリート中のエリート。うまくやれる。教えるのは国語、名前は、広岡ひろ。わかったね。

ナレーターが日記のページをめくる。

セリナズーナL　……わかりました。
御形　部活動は演劇部の顧問。ヒーロー養成学校で一番人気のある部活だ。
セリナズーナL　日本の中学校では人気がないって聞いてます。
御形　それなら、あんたが、救世主になればいい……
セリナズーナL　私が？

御形　そう、あんたはヒーローなんだから。
ナレーター４　つばさ、十三歳の私が、二十三歳の先生を演じることになりました。これからどうなることやら。先が思いやられます。

四月七日　バルタン星人襲来

ナレーター１　四月七日
ナレーター２　つばさ、夜、突然バルタン星人の襲撃がありました。

バルタン星人が現れる。

バルタン星人　「ふぁふぁふぁふぁふぁ。復讐だ！」
ナレーター３　激しい戦いとなりましたが、私は、その戦いに勝利しました。
ナレーター４　バルタン星人は、去り際にこう叫びました。
バルタン星人　「覚えてろ！」

バルタン星人が去っていく。

ナレーター１　家に帰る途中、缶コーヒーを買って飲みました。
ナレーター２　戦いの後のコーヒーは、おいしかったです。

四月八日　入学式

ナレーター１　四月八日
ナレーター３　つばさ、今日は、七つ森中学校の入学式でした。
ナレーター４　先生としての私の生活が始まりました。

四月十日　バルタン星人の逆襲

ナレーター１　四月十日
ナレーター２　つばさ、再びバルタン星人の襲撃がありました。

バルタン星人が現れる。

バルタン星人　「ふぁふぁふぁふぁふぁ。」
ナレーター３　バルタン星人は、お決まりの高笑いをした後、大声で叫びました。
バルタン星人　「予習だ！」
ナレーター４　本当は、「復讐だ！」と言いたかったんだと思います。
セリナズーナL　バルタン星人、そもそも予習復習の復習は、地球に復讐する復讐と漢字が違う。お前は二重のミスを犯している。
バルタン星人　「(情けない声で）ふぁふぁふぁふぁふぁふぁ。」
ナレーター1　バルタン星人は、戦わずに去っていきました。
バルタン星人　「覚えてろ！」
ナレーター2　とは言いませんでした。

バルタン星人が去っていく。

ナレーター3　きっと、今日のことは忘れたかったのだと思います。
ナレーター4　今日やってきたバルタン星人は、明らかに勉強不足です。

四月十三日　演劇部　土井ストーリー

ナレーター1　四月十三日
ナレーター2　つばさ、今日初めて演劇部に顔を出しました。

演劇部員（赤井、青島、金城、緑川、黒岩）が、セリナズーナLの前に集合する。

演劇部員　よろしくお願いします。

そう言った後、五人は後ろ向きに立って静止する。

ナレーター3　今日の部活は、夏の地区大会に向けての練習でした。
ナレーター4　彼らが上演するのは、
ナレーター全員　『土井ストーリー』
ナレーター1　昨年の高校演劇の全国大会で最優秀賞を受賞した作品です。
ナレーター2　それでは『土井ストーリー』を紹介しましょう。

五人の登場人物が、一人一人振り向いていき、決めのポーズをして名乗る。

赤井　土井。
青島　土井。
金城　土井。
緑川　土井。
黒岩　土井。
五人　土井！

最後に五人の土井がポーズを決めて静止する。

ナレーター3　『土井ストーリー』は、五人の土井の物語。

ナレーター4　おもちゃが好きな土井という五人の高校生が、世界征服を企むサタン三世と戦う物語です。
ナレーター1　演劇部は、この作品で全国大会出場を狙っています。
セリナズーナL　（部長の赤井に）ねっ、どうして『土井ストーリー』を選んだの？
赤井　爆笑間違いなしだからです。
セリナズーナL　自分たちの手で劇を生み出したいって思わないの？
赤井　私たち中学生が、自分たちの手で素晴らしい劇を生み出すなんて不可能です。そんな冒険するより、評価の高い高校演劇作品で、会場を沸かせたいんです。（みんなに）さ、練習しよ（う）。全国大会目指して！

五人が「土井」を掛け声として連呼しながら退場する。

セリナズーナL　一年前、私は、スズシロウという演劇部員とコンビを組んでM78グランプリに挑戦した。台本を書いたのは私。十二歳の私たちは決勝まで勝ち進み、話題となった。
ナレーター2　つばさ、私が一番好きなことが何かわかりますか？
ナレーター3　それは、空想することです。
セリナズーナL　劇を見た後、私の頭は空想でいっぱいになる。『土井ストーリー』の登場人物で、世界征服を企むサタン三世が、私に向かって歩いてくる。そして、まったく別のキャラを演じ始める。

セリナズーナLの台詞の中で、一人の少年が登場する。

ナレーター4　つばさ、私の空想が翼をつけて羽ばたき始めました。

★File 1　『言葉の綾』

セリナズーナL　（少年に）サタン三世。
サタン酸性　僕はサタン三世じゃない。僕はサタン酸性。
セリナズーナL　サタン酸性？
サタン酸性　世の中には酸性のものとアルカリ性のものがあるだろ。
セリナズーナL　うん。
サタン酸性　僕は、人にも酸性とアルカリ性があると思うんだけど、その考えに、賛成？　それとも、アルカリ性？
セリナズーナL　それって、どう答えたらいいの？
サタン酸性　まずは、酸性とアルカリ性の確認からだね。アンモニアは？
セリナズーナL　アルカリ性。
サタン酸性　塩酸は？

セリナズーナL　酸性。
サタン酸性　硫酸は？
セリナズーナL　酸性。
サタン酸性　ルパンは？
セリナズーナL　三世。
サタン酸性　そう、ルパンは酸性だ。
セリナズーナL　でも、それは三世でしょ。
サタン酸性　あれ、僕の考えに反対？
セリナズーナL　反対じゃないけど、
サタン酸性　反対じゃないなら、賛成ってことだよね。
セリナズーナL　まーいっか。ルパンは酸性ってことに賛成する。
サタン酸性　でね、僕も酸性なんだ。僕はちょっと酸っぱい性格のサタン酸性。いけない、そろそろ先生の所に行かなくっちゃ。
セリナズーナL　先生って？
サタン酸性　ほら、アンパンマンの親戚の、
セリナズーナL　あー、アンポンタン先生。
サタン酸性　「それいけ！　アンポンタン」
セリナズーナL　伝説の視聴率ゼロパーセント！
サタン酸性　その、アンポンタン先生に抗議しにいくんだ。それじゃ。

サタン酸性が歩いていく。
セリナズーナLがアンポンタン先生になる。
サタン酸性が空間をノックする。（ノックの音）

アンポンタン先生　入りたまえ。

サタン酸性がアンポンタン先生の部屋に入る。

サタン酸性　アンポンタン先生。
アンポンタン先生　何だね、サタン君。
サタン酸性　この質問に対しての僕の答え、なぜ×なんでしょうか。
アンポンタン先生　質問を読んでみなさい。
サタン酸性　「あくまで」という言葉を使って、文を作りなさい。
アンポンタン先生　君の答えは？
サタン酸性　「僕は、あくまで・す」
アンポンタン先生　サタン君、それが正解なら、「『まさか』という言葉を使って文を作りなさい」という質問に、「僕はまさかずです」と答えても正解になってしまう。
サタン酸性　（笑い出す）まさか！　先生、僕はまさかずではありません。
アンポンタン先生　そんなことはわかってる。それでは、「僕は悪魔です」と答えた君は、悪魔なのか？
サタン酸性　はい。
アンポンタン先生　……
サタン酸性　僕はヒーローになるためなら、悪魔にだってなります。
アンポンタン先生　サタン君、それはヒーローではない。

ヒーローの姿を借りた悪魔だ。

サタン酸性　〇でしょうか。

アンポンタン先生　×だ。

サタン酸性　先生は、あくまで僕の答えが×だと言うんですね。

サタン酸性　もう一つ質問してもよろしいでしょうか。

アンポンタン先生　サタン君。それが「あくまで」の正しい使い方だよ。

アンポンタン先生　なんだ。

サタン酸性　この質問に対しての僕の答え、なぜ×なんでしょうか。

アンポンタン先生　質問を読んでみなさい。

サタン酸性　「それとも」という言葉を使って文を作りなさい。

アンポンタン先生　君の答えは？

サタン酸性　「もし生まれ変われるなら男がいいですか、それとも海坊主がいいですか」

アンポンタン先生　君は、その質問に迷わずに答えられるのか？

サタン酸性　海坊主です。

アンポンタン先生　海坊主なのか！

サタン酸性　はい、迷わず海坊主です。〇でしょうか？

アンポンタン先生　×だ。

サタン酸性　なぜ×なんですか！

アンポンタン先生　サタン君、男ときたら、次にくる言葉は女だ。海坊主ではない。こんなこと誰でもわかる。

サタン酸性　海坊主でもわかりますか？

アンポンタン先生　サタン君、「誰でもわかる」というのは言葉の綾だ。

サタン酸性　言葉の亜弥？

アンポンタン先生　言葉の亜弥じゃない、綾だ。

サタン酸性　違いが、よくわかりません。先生、「言葉の亜弥」は、「言葉のステファニー」とどう違うんですか？

アンポンタン先生　わけがわからん。昔からある日本語のいいまわしにアメリカ人の名前が付くわけがない。

サタン酸性　例外はないんですか？

アンポンタン先生　ない！

サタン酸性　そうでしょうか。

アンポンタン先生　例外があるというなら、言ってみなさい。

サタン酸性　「壁にミミあり障子にメアリー」

アンポンタン先生　……

サタン酸性　このことわざには、メアリーというアメリカ人の名前が付いています。

アンポンタン先生　サタン君、それはメアリーじゃない。

サタン酸性　キャサリンでしたか？　「壁にミミあり障子にキャサリン」

アンポンタン先生　それでは､なにがなんだかわからない。

サタン酸性　ジェファーソン！

アンポンタン先生　サタン君、そこに入るのはキャサリンでもジェファーソンでもクリスティーナでもない。

サタン酸性　先生、僕、クリスティーナなんて言ってません。

アンポンタン先生　サタン君、そこに入るのは「目」、「目・あり」だ。

サタン酸性　先生、やっぱりメアリーでよかったんですね。

アンポンタン先生　サタン君……

サタン酸性　〇でしょうか。

アンポンタン先生　×だ。

サタン酸性　（怒って）もういいです。僕、帰ります。（と言って帰り出す）

アンポンタン先生　待ちたまえ！

サタン酸性　（サタン酸性が、立ち止まって振り向く）

アンポンタン先生　君は、ヒーローになるためなら、本当に悪魔になれるのか。

サタン酸性　先生、それは言葉の綾です。

二人が静止する。

ナレーター１　つばさ、今、私の空想から生まれた脚本に、『言葉の綾』という題名をつけました。

ナレーター２　『言葉の綾』、いかがでしたか？

ナレーター３　今日は、長くなりました。

ナレーター４　それでは、おやすみなさい。

四月十四日　黒い服を着た集団

サタン酸性が舞台を去る。

セリナズーナＬは舞台中央に残る。

ナレーター１　四月十四日

ナレーター２　つばさ、御形さんから、「黒い服を着たある集団をマークせよ」というミッションが伝えられました。

ナレーター３　その集団が、宇宙からの侵略者と繋がっているというのです。

ナレーター４　私がマークする男は、お酒の名前で呼ばれていました。

ナレーター１　そのお酒とは、

ナレーター全員　芋焼酎。

ナレーター２　そして、情報通り芋焼酎は宇宙人と接触したのです。

ナレーター３　私はその決定的瞬間を写真に撮りました。

ナレーター４　次の瞬間、謎の二人組に襲われたのです。

黒い服を着た二人組がセリナズーナＬを襲う。

ナレーター１　私の口に薬のようなものが入れられました。

ナレーター２　それを飲みこんだ瞬間、意識が遠のき、私は崩れ落ちました。

セリナズーナＬが崩れ落ちる。

セリナズーナＳが登場して、セリナズーナＬの前に横になる。

セリナズーナSが目を覚ます。
セリナズーナLはセリナズーナSの後ろで立ち上がり、セリナズーナSを見つめる。
この後、セリナズーナLはセリナズーナSの心の声となって、舞台上に存在し続ける。

ナレーター3　再び目を覚ました時、私は愕然としました。

セリナズーナS　どうして？　私、どうしちゃったの？

セリナズーナSが舞台上を走る。
セリナズーナSが舞台中央で立ち止まる。
そこは駄菓子屋「七草」。
セリナズーナSが空間を激しくノックする。（ノックの音）
御形が登場する。

御形　セリ。

セリナズーナS　ナズナ。

御形がパントマイムでドアを開ける。

御形　（小さくなったセリナズーナSを見て）セリナズーナ！　いったいどうしたんだい。

セリナズーナS　薬を飲まされて、気を失って、気がついたら……

御形　あの薬が使われたんだわ。

セリナズーナS　あの薬？

御形　人間を死に至らしめる恐ろしい薬さ。ただ、死ぬことを免れ、幼児化して生きている人間が三人いるらしい。

セリナズーナL　私は、数年後、その一人の名探偵と出会うことになる。けど、それはまた別の話。別の時に話すとしよう。

セリナズーナS　これからどうしたらいいんですか？

御形　しばらくの間、おとなしくしてるしかない。六歳の小学生として。

セリナズーナS　六歳の小学生のような、十三歳の中学生ではだめですか。

ナレーター4　つばさ。私は、御形さんを説得しました。そして、先生として勤めていた七つ森中学校に、中学一年生として転入することになりました。

御形が舞台から去る。

四月十六日　星あかり

ナレーター1　四月十六日

舞台中央にセリナズーナSが立つ。

その後ろにセリナズーナLが立つ。

セリナズーナS　鈴木スズナです。よろしくお願いします。

以後、セリナズーナSをスズナと表記する。

ナレーター2　つばさ、私は七つ森中学校の一年生になりました。

ナレーター3　臨時集会で校長先生が「突然ですが、広岡先生は、一身上の都合で故郷に帰りました」と伝えました。

ナレーター4　私は、演劇部に入部しました。

星あかりと番場先生が登場する。

ナレーター1　今のところ、新入部員は私と星あかりの二人だけです。

ナレーター2　新しい演劇部の顧問として番場先生が赴任しました。

番場先生　あめんぼあかいな　あいうえお

スズナ・あかり　あめんぼあかいな　あいうえお

番場先生　休憩にするよ。

スズナとあかりは、並んで丸椅子に座る。

番場先生は、二人の後ろで、二人に背を向けて丸椅子に座る。

セリナズーナL　発声練習は退屈だ。新顧問の番場先生は、やる気が感じられない。

スズナ　ねっ、星さんは、なんで演劇部に入ったの？

あかり　私ね、小学校六年生の時、一年間ずっと入院してたの。

スズナ　それじゃ、運動は無理だね。

あかり　でも、運動ができないから演劇部を選んだんじゃないの。……私、お笑い芸人になりたいの。

スズナ　お笑い芸人？

あかり　私の病気ね、悪性リンパ腫って癌だったの。

スズナ　癌？

あかり　今だから言えるけど、お薬で髪の毛が抜けちゃって、かつらをかぶってたの。そんな最悪な時、病院の七夕祭りがあったの。そこで里美さんと出会ったの。

スズナ　里美さん？

あかり　病気で苦しんでいる人を笑顔にしてるお笑い芸人。里美さんのコント、おかしくって、笑いっぱなしだった。そしたら、里美さんが私の所にきて、にっこり笑って言ったの。

スズナ　なんて？

あかり　「(関西弁で)笑ってくれてありがと。おかげで、うちも元気になったわ」って。その後なの、私の病気がよくなりだしたの。そして、中学生になる前に退院できたの。

スズナ　笑わせた方も、笑った方も元気になったんだね。

あかり　でもね、病院で仲良くなったたくさんの友達が、まだ入院してる。だから、今度は私の番。私、みんなを笑わせるの。そして、元気になってもらうの。

スズナ　いいね、それ。

あかり　ねっ、スズナさんは、なんで演劇部に入ったの？

スズナ　……地球の平和のため。

あかり　（笑う）スズナさんって、面白いね。実は、私、笑いのネタ帳作ってるの。よかったら見てくれない。

あかりがスズナにネタ帳を渡す。

セリナズーナL　［星あかり。どう見ても、笑いを生み出すタイプには見えない。読むのが怖い。］

スズナがネタ帳を開く。
セリナズーナLが、声を出して書かれている内容を読む。

セリナズーナL　［美少女戦士　セーラームーミン。］

ページをめくる。

セリナズーナL　［愛と感動のミュージカル。『美女と野菜』。］

スズナが笑う。
そこに、生徒会長の夏瀬里菜《りな》が入ってくる。

里菜　あの……

番場先生　なに？

里菜　私、生徒会長の夏瀬里菜です。七つ森総合病院の七夕祭りへの参加について、生徒会で企画してくれって、校長先生から頼まれました。私、劇をやってみたいんです。演劇部に協力してもらえませんか。

番場先生　部長に伝えとく。

里菜　お願いします。

里菜が去る。

あかり　七つ森総合病院って、私が入院していた病院。

スズナ　そうなの？

あかり　（うなずいて）七夕祭り、出られないかな。

セリナズーナL　その言葉が私の心に火をつけた。私は、地球の中学生・星あかりが書いた笑いのネタ帳から、七夕祭りのためのコントを創ってみたいと思った。

スズナの空想が始まる。

ナレーター1　つばさ、私の空想が翼をつけて羽ばたき始めました。

★File2 『美女と野菜』

『美女と野菜』の登場人物・生徒1～9が舞台に登場する。

セリナズーナL (世界をイメージしながら)ここはM78星雲のヒーロー養成学校。ヒーローの卵たちが、ここで勉強している。

生徒1 セーラームーミン先生。おはようございます。

生徒たち おはようございます。

セリナズーナLが、セーラームーミン先生を演じる。

セーラームーミン先生[セリナズーナL] おはようございます。さて、今日は日本の中学生の特徴を劇を通して学んでもらいます。使う脚本は、『美女と野菜』。

生徒たち 『美女と野菜』?

生徒1 どんな話なんですか?

セーラームーミン先生 美女と人の姿をした野菜たちのドラマよ。今から皆さんにその脚本を配ります。

セリナズーナLが生徒たちに脚本を配布する。

セーラームーミン先生 配役は決めてあるから自分の名前を確認してね。今日は、五ページのゴメスの台詞からやってみましょう。

生徒1 ゴメスって誰ですか?

セーラームーミン先生 ゴメスは美女よ。

生徒たち えー。

セーラームーミン先生 ストップ。「えー」のタイミングが早い。日本の中学生は、こんな時、三つ数えた後、「えー」って言うの。私たちがヒーローであることがばれないために、中学生らしく演じて。

生徒たち はい。

セーラームーミン先生 それじゃ、みんなで練習してみましょう。

みんなが「えー」と言う準備をする。

セーラームーミン先生 ゴメスは美女よ。

生徒たち (小さい声で1、2、3と数えて)えー。

セーラームーミン先生 そう、そのタイミング。これからやるのは、ゴメスが親友・ギャオスの前で、写真を隠すシーン。それでは、ギャオスの台詞から。

ゴメス[生徒1]が写真を隠す。

ギャオス[生徒2] ゴメス、今、何を隠したの?

ゴメス[生徒1] それは秘密。

セーラームーミン先生　ストップ。「秘密」の言い方がだめ。日本の中学生は、こんな時、「ひ・み・つ」と区切って言うの。人差し指を立てて、からだを揺らしながら言えば効果絶大。まず、私が見本を見せる。「それは・ひ・み・つ」。はい、どうぞ。

生徒たち　それは、ひ・み・つ。

セーラームーミン先生　いい感じね。それでは、ギャオスの台詞からもう一度。

ゴメス［生徒1］が写真を隠す。

ギャオス［生徒2］　ゴメス、今何を隠したの？

ゴメス［生徒1］　それは、み・み・ず。

セーラームーミン先生　ストップ。ミミズって何？

生徒1　ミミズって言いましたか？

セーラームーミン先生　まあいいでしょう。ギャオスの台詞からもう一度。

ゴメス［生徒1］が写真を隠す。

ギャオス［生徒2］　ゴメス、今何を隠したの？

ゴメス［生徒1］　それは、ひ・み・つ。

ギャオス［生徒2］　見せてよ。

ゴメス［生徒1］　仕方ないわね。はい。（と言って、写真を見せる）

ギャオス［生徒2］　この人、誰？

ゴメス［生徒1］　私が結婚する西洋の王子様。

ギャオス［生徒2］　イギリス人？　それともフランス人？

ゴメス［生徒1］　王子様はニンっていう国に住んでいるの。

ギャオス［生徒2］　ニン？　ってことは…

ゴメス［生徒1］　ニンジン！

ギャオス［生徒2］　王子様ってニンジンなの！

ゴメス［生徒1］　名前はハクサイ。

ギャオス［生徒2］　（小さい声で1、2、3と数えて）えー。

セーラームーミン先生　そう、そのタイミング。次は鬼たちの登場ね。

鬼たち［生徒5～9］が登場して、ゴメスを押さえつける。

セーラームーミン先生　はい、そこでゴメスが叫ぶ。

ゴメス［生徒1］　助けてー。

セーラームーミン先生　その声を聞いて、畑の中から王子が現れる。

王子［生徒3］が現れる。

王子［生徒3］ 私が相手だ！
ピーマン［生徒4］ （王子を指さして）王子は、くさい野菜だ！
セーラームーミン先生 ストップ。

みんなが動きを止める。

セーラームーミン先生 文の切り方が違うの。そこはこう読んで。「王子・ハクサイ・野菜だ！」。王子は臭い野菜じゃない。王子は、ハクサイという名前の野菜なの。ピーマンの台詞からもう一度。
ピーマン［生徒4］ 王子、ハクサイ、野菜だ！
鬼1［生徒5］ ハクサイ。ゴメスは私たちが預かった。ゴメスのことが心配なら、
鬼たち［生徒5〜9］ 鬼ヶ島まで来るのよ。
セーラームーミン先生 はい、そこまで。
生徒1 先生、この後どうなるんですか？
セーラームーミン先生 それは、ひ・み・つ。
生徒たち （小さい声で1、2、3と数えて）えー。
ナレーター3 つばさ、あかりが書いたネタから『美女と野菜』が生まれました。
ナレーター4 『美女と野菜』は、歴史上初となる地球人と宇宙人のコラボ脚本です。

四月十七日　夏瀬里菜

ナレーター1 四月十七日
ナレーター2 つばさ、生徒会長が、昨日の返事を聞きにきました。

夏瀬里菜が部室に入ってくる。

赤井 会長、ごめん。演劇の地区大会、七月なんだ。その直前に七夕祭りに出るの、ちょっと無理かな。（あっ）私、これから明日の新入生歓迎発表会の打ち合わせがあるから。

赤井が部室から出ていく。
部室にスズナ、あかり、里菜、番場先生の四人が残る。
セリナズーナLはスズナの心の声としてそこに存在する。

番場先生 七夕祭、無理みたいね。
里菜 どうしても劇がやりたいんです。
番場先生 どうしてそんなに劇にこだわるの？
里菜 私の故郷は地震で壊滅的な被害を受けました。私たちは故郷の復興のために、手を取り合ってがんばり続けました。でも、私は中学になる直前に、父の仕事の関係

で、故郷を離れ、この学校に入学しました。

番場先生　……

里菜　一か月前、故郷の仲間たちから手紙が届いたんです。手紙には、「劇をやるから、見に来て」って書いてありました。劇のタイトルは『翼をください』でした。

セリナズーナL　「『翼をください』！」

里菜　先週の日曜日が本番でした。もちろん見に行きました。

番場先生　どんな劇だったの？

里菜　翼って、希望のことでした。希望を失った仲間たちが、『翼をください』って劇を上演することで、希望を取り戻していくんです。ラストは、『翼をください』の大合唱でした。私も一緒に歌いました。歌い終わった後、仲間と抱き合って泣きました。私は劇から元気をもらいました。そして、心に誓ったんです。今度は私が、誰かを元気にするために劇を上演するって。

あかり　先輩、私、去年、七つ森総合病院に入院してたんです。

里菜　そうなんだ。

あかり　私、病院の七夕祭りで元気をもらって退院できたんです。だから、今度は私が……

スズナ　番場先生。（番場先生の目の前にノートを出して）これで夕祭りに出られませんか？

番場先生　（ノートを開いて）『美女と野菜』……

あかり　それって……

スズナ　「病院の友達を笑わせて、元気になってもらう」っていうあかりの思いを聞いて、どうしても創りたくなって……

あかり　私、読みたい。

里菜　私も読んでいいかな。

スズナ　うん。

　あかり、里菜、そして番場先生が『美女と野菜』を読み始める。

番場先生　（スズナに）これ、本当に十三歳のあなたが創ったの？

スズナ　はい。

セリナズーナL　「嘘は言ってない。私は十三歳。地球人ではないけれど。」

　赤井が部室に戻ってくる。

赤井　番場先生、これから新入生歓迎発表会のリハーサルやるんで見に来てください。

ナレーター3　つばさ、明日は演劇部の新入生歓迎発表会です。

ナレーター4　どんな劇が見られるのか楽しみです。

四月十八日　桃・太郎

スズナとあかりが、観客として上手側に丸椅子を出し、客席に背を向けて座る。

ナレーター1　四月十八日

ナレーター2　つばさ。新入生歓迎発表会で『桃・太郎』という劇が上演されました。

ナレーター3　『桃・太郎』は、部長の赤井がインターネットで探し出した作品です。

ナレーター4　それはこんな劇でした。

ナレーター［セリナズーナL］　まず、桃から男の子が誕生する。名前は、桃太郎ではなく。桃・太郎。

桃・太郎［赤井］　おじいさん、おばあさん、僕は鬼ヶ島に鬼退治に行きます。

ナレーター［セリナズーナL］　桃・太郎はおばあさんが作ったきびだんごを持って鬼ヶ島に出かける。そんな桃・太郎の前に現れる、サル、犬、小鹿のゾンビ。

サル、犬、子鹿のゾンビが登場し、ポーズを決めて静止する。

小鹿のゾンビ［黒岩］　桃・太郎さん、

犬［金城］　俺たちにきびだんごをくれ！

サル［青島］　そうすれば鬼ヶ島までお供するぜ！

桃・太郎［赤井］　よし、交換条件成立だ。ほら、このきびだんごを食べな。

三匹は、夢中になってきびだんごを食べる。

突然、三匹とも、きびだんごを喉に詰まらせて苦しみ出す。

サル［青島］　きびだんごが、喉に……

三匹　苦しい……

そう言って、三匹が倒れる。

桃・太郎がサル、犬、小鹿のゾンビを揺り動かす。

桃・太郎［赤井］　……死んでる！　なんてやつらだ、鬼と戦う前に、きびだんごを喉に詰まらせて死ぬなんて。

ナレーター［セリナズーナL］　桃・太郎は、一人で鬼ヶ島に上陸する。

鬼（円谷、実相寺、上原、市川）が現れる。

桃・太郎［赤井］　極悪非道の鬼たち、桃・太郎が成敗してくれる。

桃・太郎と鬼が戦う。
鬼は桃・太郎に倒される。
そこに、一人の少女が現れる。

鬼沢［緑川］ おーっほほほ、おーっほほほほ。

桃・太郎［赤井］ お前は誰だ！

鬼沢［緑川］ 私は鬼沢かつら。桃・太郎。あなたに、私が倒せるかつら？

桃・太郎［赤井］ 「倒せるかつら」だと。そうか、お前の正体は、かつら姫。（頭に手を置いて）お前の弱点は、ここだ！

桃・太郎が、かつら姫のかつらを取り、それを突き出す。かつら姫の禿げた頭が晒される。※かつらの下に、侍のかぶりものをつけておくとよい。

桃・太郎［赤井］ お前は、ハゲだ。死ねー！

その言葉に、かつら姫は固まり動けなくなる。

ナレーター［セリナズーナL］ ラストは桃・太郎のモノローグで幕となる。

桃・太郎［赤井］ （かつら姫の頭に手を置いて）僕たちをハゲ・ますかのように日の光がハゲしく降り注いだ。ハゲわたる空の下、ハゲいとうの花が、ピカピカになって咲いていた。

セリナズーナL あの日、観客は大爆笑だった。以前の私だったら、きっと一緒に笑っていただろう。けど、あの日は隣にあかりが座っていた。私は、一度も笑えなかった。

あかり スズナ、私……怖い……

セリナズーナL そう言って、あかりは泣いた。入院中、かつらをかぶっていたことを思い出したのかもしれない。死の恐怖に怯えていたことを思い出したのかもしれない。私は、自分自身と桃・太郎を重ね合わせた。今まで地球で活動していたヒーローは、桃・太郎と同じことをしてきたのではないか？　あの日、私はヒーローであることに恐ろしさを感じた。

四月十九日　レッドクイーン

ナレーター1 四月十九日

ナレーター2 つばさ、今日、七人の新入部員が入ってきました。

ナレーター3 『桃・太郎』を見て入部を決めたそうです。

客席に座っている観客が新入部員であるという設定で、赤井、青島、金城、緑川、黒岩の五人が、新入部員に向かって話をする。※部員が多い学校ではここで新入部員を登場させてもよい。

赤井　みんな入部してくれてありがとう。超嬉しいんだけど。

金城　えっ、なに？『桃・太郎』そんなに良かった？

青島　きびだんごを喉に詰まらせて死ぬところ、受けなかったらマジやばいって心配だったんだ。

セリナズーナL　と、ここまでは新入部員の前での話。赤井たちは、新入部員が帰った後、全然違う話を始めた。私はそれを廊下で聞いてしまった。

緑川　先輩、かつらを取られる鬼沢の役、かなり恥ずかしかったです。

青島　琴葉、鬼沢かつらって、元の台本じゃ浦島かつらだったって知ってた？

緑川　どうして鬼沢に変えたんですか。

黒岩　三年に鬼沢っているんだ。

金城　いい子ぶっちゃって、チョーうざいの。

赤井　ムカツクから、かつら姫の名前を浦島から鬼沢に変えたの。

青島　鬼のかつら姫の名前が鬼沢なの、自然でしょ。

赤井　鬼沢本人に「死ねー」って言ったらいじめだけど、私が「死ねー」って言ったのは、劇の中の鬼沢だから。

五人は大笑いした後、静止する。

セリナズーナL　赤井たちは、もう一つの顔を持っていた。それは先生だった時の私には、一度も見せたことのない顔だった。

私は、ウルトラマンを苦しめた最強の怪獣レッドキングを思い浮かべていた。レッドキングを日本語に訳せば赤い王様。それなら、赤井は赤い女王様、レッドクイーン。小さくなっても私はヒーロー。その私がレッドクイーンから目を逸らしていいのか。悩んだ結果、私は、劇でレッドクイーンと戦うことにした。桃・太郎でも桃太郎でもない、新しいヒーローを主人公にした劇を創ろうと思った。病気で苦しんだあかりが笑える劇を創ろうと思った。

五人が舞台から去る。

セリナズーナL　もしも、今、新しいヒーローが生まれるとしたら……

ナレーター4　つばさ、私の空想が翼をつけて羽ばたき始めました。

★File3 『もしもの世界』

ナレーター全員 『もしもの世界』
ナレーター1 それは元の世界と少しだけ違ったパラレルワールド。

セリナズーナLとスズナが、舞台中央に登場する。

セリナズーナL 私の名前はセリナズーナ。私の故郷は、ウルトラマンと同じM78星雲。私は、ヒーローとして、地球にやってきた。ただ、今はスズナと名前を変えている。（スズナを指して）今の私。謎の二人組に薬を飲まされた後、私の体は幼児化してしまった。ある日、そんな私に果たし状が届いた。

バルタン星人が上手に登場する。
スズナが下手のイスに座って、送られてきた封筒を見る。
スズナの心の声は、スズナの後ろに立っているセリナズーナLが言う。

セリナズーナL 果たし状（スズナがそれを読み始める）
バルタン星人 セリナズーナ、俺が誰だかわかるか。
セリナズーナL いったい誰なんだ？
バルタン星人 俺はバルタン星人。
セリナズーナL バルタン星人！
バルタン星人 そう、バルタン星人だ。俺は、鬼と手を結ぶことにした。
セリナズーナL 手を結ぶ…鬼と一緒に戦うというのか…
バルタン星人 セリナズーナ、お前は子どもの体になってしまったようだな（笑）［かっこ・わらい］。そして、名前をスズナと変えた。
セリナズーナL 小さくなっても頭脳は同じだ！
バルタン星人 お前の声が聞こえてくる。「小さくなっても頭脳は同じだ！」。確かに頭脳は同じかもしれない。けどパワーは同じじゃないだろう。同じパワーでないお前などバルタン星人の敵ではない。さあどうする、スズナ。いや、セリナズーナ。
ナレーター達 もしも！
ナレーター2 バルタン星人の果たし状が入力ミスだらけだったら。
セリナズーナL 果たし状（スズナがそれを読み始める）
バルタン星人 セリナズーナ、俺が誰だかわかるか。
セリナズーナL いったい誰なんだ？
バルタン星人 俺はバルタソ星人。
セリナズーナL バルタソ星人？
バルタン星人 そう、バルタソ星人だ。
セリナズーナL 片仮名を間違えるな、バルタン星人！
バルタン星人 俺は、鬼と毛を結ぶことにした。
セリナズーナL 毛を結んでどうする。漢字を間違えるな、バルタン星人！

バルタン星人　セリナズーナ、お前は子どもの体になってしまったようだな（新井）［かっこ・あらい］。
セリナズーナL　新井って誰？
バルタン星人　そして、名前をスズナと変えた。
セリナズーナL　小さくなっても頭脳は同じだ！
バルタン星人　お前の声が聞こえてくる。「小さくなっても頭脳はおやじだ！」。
セリナズーナL　おやじじゃない！
バルタン星人　確かに頭脳はおやじかもしれない。
セリナズーナL　おやじじゃない！
バルタン星人　けど、パワーはおやじじゃないだろう。
セリナズーナL　おやじのわけがない。
バルタン星人　おやじパワーでないお前など、バルタソ星人の敵ではない。
セリナズーナL　おやじパワーって何？
バルタン星人　さあどうする、スズナ。いや、セリナズーナ。
ナレーター3　話を前に進めよう。

スズナが、果たし状の続きを読み出す。

バルタン星人　お前の親友、王子ハクサイの妻になるゴメスは我々が預かった。ゴメスを助けたければ、□月□日□時（実際に「つばさ」を上演する日時）に、鬼ヶ島に来るんだ。

ナレーター4　さて、ここでもう一人の登場人物を紹介しよう。

バルタン星人は舞台中央に歩いていき、そこでスズシロウとして紹介された後、スズシロウを演じる。

セリナズーナL　彼の名前はスズシロウ。スズシロウはヒーロー養成学校の同級生。部活は私と同じ演劇部だった。彼は新しいヒーローとして地球にやってきた。
スズナ　スズシロウ、私、鬼ヶ島に行く。
スズシロウ　スズナ、君はここに残れ。鬼ヶ島には僕が行く。
スズナ　スズシロウが？
スズシロウ　ただ、僕は戦わない。鬼もバルタン星人も退治しない。退治する代わりに、大事にする。
スズナ　なぜ？
スズシロウ　M78星雲伝説のヒーロー桃太郎は鬼を退治した。しかし、その結果、鬼と人間の復讐合戦が始まった。だから、僕は鬼を大事にして、鬼を笑わせる。笑いが鬼と人間の架け橋になるんだ。
スズナ　どうやって鬼を笑わせるの？
スズシロウ　それは（ここまではまじめに、そして突然）……ひ・み・つ。
スズナ　（1、2、3）えー。

スズナとスズシロウが静止する。

ナレーター達　もしも！

ナレーター1　この世界に「ばびぶべぼタイム」があったら。

ナレーター2　「ばびぶべぼタイム」。それは「がぎぐげご」の発音が「ばびぶべぼ」になってしまう恐ろしい時間。

ナレーター3　その時間が訪れると、「ガールフレンド」が「バールフレンド」に、

ナレーター4「ボディガード」は「ボディバード」になってしまう。

ナレーター達　ぴんぽんぱんぽん。まもなく「ばびぶべぼタイム」が始まります。

スズシロウ　なぜ、別れの時に「ばびぶべぼタイム」なんだ……

スズナ　大丈夫。私たちの気持ち、必ず伝わる。

スズシロウ　そうだね、僕、ばんばるよ。

スズナ　ええ、ばんばって。

スズシロウ　スズナ、応援うれしいよ。僕は、ベンキ溌剌だ。

スズナ　ずっと、ベンキでいてね。

スズシロウ　約束する。今日も、明日も、明後日も、僕はずっとベンキでいる。だから、スズナも、おベンキで。

スズナ　スズシロウ！

スズシロウ　スズナ！

スズナ・スズシロウ　さようならー。

二人は、手を振りながら舞台中央から別々の方向に離れていく。

ナレーター達　もしも！

ナレーター1　ここが、七夕祭りの上演劇を決める選考現場だったら。

ナレーター2　そして、今、目の前で演じられているのが、十三歳の中学生が創った劇だったら。

ナレーター3　更に、選考委員長がアンポンタン先生だったら。

ここでセリナズーナLが、アンポンタン先生になる。

アンポンタン先生［セリナズーナL］　（大きなあくびをして）そこまでだ。

ナレーター達　アンポンタン先生、判定をお願いします。

スズナが登場する。

アンポンタン先生［セリナズーナL］　（スズナを指して）没だ。君の脚本は七夕祭りには使えない。

スズナ　どうして没なんですか。先生、ずっと寝てたじゃないですか。

アンポンタン先生［セリナズーナL］　寝ていても、中学生の君から生まれたドラマが面白くないことくらいわかる。

スズナ　私に創らせてください。もっともっと深いドラマにします。
アンポンタン先生[セリナズーナL]　中学生の君から深いドラマが生まれるはずがない。生まれてくるのは、深いドラマではなく、不快なドラマだ。やめるなら今だ。今すぐ、創るのをやめなさい！

四月十九日　番場先生

スズナが見ている先に、番場先生が現れる。

スズナ　（番場先生に気づいて）番場先生……
番場先生　鈴木。「もしもの世界」、その後どうなるの？十三歳の中学生は創るのをやめるの？
スズナ　……
番場先生　やめるわけないよね。その話を創っているのは、あなたなんだから。
スズナ　……
番場先生　（部室を見回して）あなた一人演じていたのね。あんなたくさんの声、どこで手に入れたの？
スズナ　……M78星雲です。
番場先生　（笑って）あなた何者？
スズナ　普通の中学一年生です。
番場先生　正直言うと、中学生の劇なんてたかが知れているってバカにしてた。けど、バカにしてた私がバカ、いいえアンポンタンだったのね。
スズナ　番場先生……
番場先生　その話、続きはどうなるの？
スズナ　それは、これからです。
番場先生　どんな結末が待っているのかな？
スズナ　先生は、何者なんですか？
番場先生　……アンポンタンな国語の教師。

そう言って番場先生が静止する。

ナレーター1　つばさ、番場先生の登場で、私の空想はここでストップしてしまいました。
ナレーター2　私の地球三作目となる『もしもの世界』は、近いうちに完成させ、結末をあなたに紹介します。
ナレーター3　それにしても、番場先生は何者なんでしょう。
ナレーター4　アンポンタンな国語の教師ではなさそうです。

四月二十日　対決

演劇部員と里菜、番場先生が登場する。

ナレーター1　四月二十日
ナレーター2　つばさ、赤井が、部員全員を集めました。

ナレーター3　そこに、生徒会長の里菜も呼ばれました。
赤井　先生。私たち三年生で相談したんですけど、生徒会に協力して演劇部で七夕祭りに出るのもいいかなって考え直したんです。
里菜　ほんと！　凜、ありがとう。
番場先生　大会前で忙しいんじゃなかったの？
赤井　私たちの代わりに、新入生に出てもらうんです。
あかり　私たち、七夕祭りに出られるんですか。
赤井　うん。上演してもらいたい劇があるんだ。
あかり　なんていう劇ですか？
赤井　『桃・太郎』。
スズナ・あかり　！
赤井　『桃・太郎』なら、DVDに録画した私たちの演技見て練習できるじゃない。配役も私たちで考えてみた。桃・太郎は、鈴木スズナ。かつら姫は…星あかり。
スズナ・あかり　！
あかり　かつら姫……
セリナズーナL　［（スズナに）ヒーローの出番だ。レッドクイーンからあかりを救うんだ。］

スズナがうなずいて、ゆっくり赤井の前に歩いていく。

赤井　なに？

スズナが赤井に何か言おうとしたその時。

番場先生　赤井！『桃・太郎』は上演させない。
スズナ・あかり　！
赤井　なぜですか？
番場先生　病院で上演するのに、相応しくない劇だからだ。
赤井　私たちから表現の自由を奪うんですか。
番場先生　（笑って）表現の自由？　赤井、お前は、『桃・太郎』でどんな表現の自由を手に入れるんだ。「死ね」って言う自由か、「ハゲ」って言う自由か。
赤井　……
番場先生　死の恐怖と戦っている人が、きびだんごを喉に詰まらせて死ぬ場面で何を感じるか想像できるか。薬の副作用で髪が抜けて苦しんでいる人が、「ハゲ」って言葉に何を感じるか想像できるか。
赤井　……わかりました。七夕祭りのことは、なかったことにしてください。
番場先生　赤井、その必要はない。私は、「七夕祭りで新入生が劇を上演する」っていう三年生の提案に大賛成だ。そこで、今度は私から提案したい。『桃・太郎』の代わりに、鈴木スズナが創る劇を上演するってのはどうだ。
スズナ・あかり　！
番場先生　会長、どう思う？
里菜　私は……賛成です。
スズナ・あかり　！
赤井　番場先生、勝手なこと言わないでください。入部したばかりの一年生が創る劇が、面白いわけありません！
番場先生　誰もがそう思う。私もその中の一人だった。でも、私は間違っていた。
赤井　誰が指導するんですか？
番場先生　私じゃ駄目か？
赤井　（笑って）演劇の経験あるんですか？
番場先生　ある。
赤井　中学ですか、高校ですか？
番場先生　プロだ。
赤井　プロ……
番場先生　（うなずいて）劇団で芝居はもちろん、歌もダンスもやった。去年退団して、今ここにこうしている。
里菜　どうして退団したか、聞いてもいいですか？
番場先生　うちの劇団が取り組んでいたのは、海外で大ヒットした作品だ。そんな作品を上演して、演劇ファンを増やしたことは、すごく意義があったと思う。ただ、私が求めていたのは、自分たちの手でゼロから何かを創り上げる、ハラハラ、ドキドキ、そしてわくわくだった。それが感じられなくなったことが、退団した理由だ。
赤井　劇団のこと、なんで話してくれなかったんですか。
番場先生　「私たちにはDVDっていう先生がいるから、先生はただ見ているだけでいいです」って親切に言ってくれたのは、赤井じゃないか。
赤井　……（青島たちに）行こ（う）。
青島　えっ……
赤井　『土井ストーリー』、練習しよう。

青島　……

赤井たち上級生が、演劇部の部室のドアに向かって歩いていく。
そして、後ろ向きで静止する。

セリナズーナL　［レッドクイーンの背中から、叫び声が聞こえてくる。］
赤井　（振り向いて）「覚えてろ！」
そう言って、赤井が再び静止する。
セリナズーナL　［これではバルタン星人との戦いと同じだ……］
スズナを見つめる。
セリナズーナL　［今まで封印していた、あのパワーを使うしかない。］
スズナ　でも……
セリナズーナL　［赤井はきっと後悔してる。赤井にその気持ちを語らせるには、あのパワーを使うしかない。赤井に乗り移るんだ。］
スズナ　（少し考えて、うなずく）

セリナズーナLが、赤井の背後に回り赤井を操る。

赤井　（セリナズーナLに乗り移られて）番場先生。私も七夕祭りに参加させてくれませんか。

青島　凜……

赤井　（セリナズーナLに乗り移られて）今までのこと、すみませんでした。私、先生のもとで演劇を学びたいんです。

青島　凜……私も、同じこと思ってた。

番場先生　赤井、七夕祭りで上演するのは鈴木が創った脚本だぞ。それでもいいのか？

赤井　（セリナズーナLが赤井を操るのをやめる）ちょっと待って。何？　今何が起こったの？　私の口が勝手に動いた。

金城　えっ、本心じゃなかったの？

スズナ　赤井先輩。私が書いた劇の主人公のイメージは、赤井先輩なんです。

セリナズーナLが、赤井に再び乗り移る。
赤井が、青島たちを見る。

赤井　（セリナズーナLに乗り移られて）私、やってみたい。みんなは？

青島　凜がやるなら、私も……

赤井　（セリナズーナLが赤井を操るのをやめる）ちょっと待って。……また、私の口が勝手に動いた。

青島　（えっ？）

番場先生　赤井、やるの？　やらないの？

みんなが赤井を見つめる。
赤井はしばらく下を見つめて、なにか考えている。
セリナズーナLが赤井に乗り移ろうとする。
その時、赤井が顔を上げ番場先生を見つめる。

赤井　やります！

スズナ・セリナズーナL　！

番場先生　（赤井の後ろにいる上級生に）あなたたちは？

上級生　やります！

番場先生　（里菜に）会長、ということで、演劇部は全員七夕祭りに参加する。そして私も七夕祭りの劇にでる。

スズナ　番場先生も…

番場先生　アンポンタン先生を演じるってのは、どう？

スズナ　えっ……（しばらく番場先生を見つめる。その後にっこり笑って）よろしくお願いします。

里菜　あの……私、演劇部に入部できませんか？

番場先生　三年の今から？

里菜　今からじゃだめですか？　私、七夕祭りに出たいんです。そこで劇をやりたいんです。

番場先生　……わかった。

里菜　ありがとうございます！

番場先生　中学生とゼロから創り上げる七夕祭りの劇。ハラハラ、ドキドキ、そしてわくわくが、ここから始まりそうね。

スズナ　番場先生、私、ばんばります。あっ……

みんな楽しく笑い合う。

四月二十一日　練習開始

ナレーター1　四月二十一日

ナレーター2　つばさ、七夕祭りの劇の練習が始まりました。

ナレーター3　私は、七夕祭りで上演する劇に『つばさ』という題をつけました。

ナレーター4　『つばさ』は、私が地球で創った『言葉の綾』、『美女と野菜』、『もしもの世界』を一つにまとめた作品です。

五月七日　転入生

ナレーター1　五月七日

ナレーター2　つばさ、今日、一人の男の子が、私のクラスに転校してきました。

スズシロウが登場する。

スズシロウ　鈴岡四郎です。よろしくお願いします。

スズナ　どうしてここに？

スズシロウ　小さくなった君のことが心配で、M78星雲から飛んできたんだ。

ナレーター3　転校生は、幼馴染のスズシロウでした。

ナレーター4　スズシロウは演劇部に入部して、七夕祭りに参加することになりました。

七月七日　七夕祭り

ナレーター1　七月七日

ナレーター2　つばさ、七つ森総合病院の七夕祭りで『つばさ』を上演しました。

ナレーター3　以前、紹介するって約束した劇のラストシーンを、アンポンタン先生の台詞から紹介し直します。

ナレーター4　アンポンタン先生を演じたのは、番場先生です。

★File4　『ニュー・ヒーロー』

アンポンタン先生［番場先生］が登場する。
その前にスズナが立ち膝でアンポンタン先生と向かい合って座る。

アンポンタン先生［番場先生］　（スズナに向かって）　中学生の君から深いドラマが生まれるはずがない。生まれてくるのは、深いドラマではなく、不快なドラマだ。やめるなら今だ。今すぐ、創るのをやめなさい！

そこにサタン酸性［スズシロウ］が登場する。

サタン酸性［スズシロウ］　ちょっと待ってください。
アンポンタン先生［番場先生］　……
サタン酸性［スズシロウ］　アンポンタン先生。お久しぶりです。
アンポンタン先生［番場先生］　サタン酸性……
サタン酸性［スズシロウ］　先生、答えてください。可能でしょうか、それとも不可能でしょうか。
アンポンタン先生［番場先生］　……
サタン酸性［スズシロウ］　中学生が創った劇が、病気で苦しんでいる人、地震や洪水の被害で苦しんでいる人を元気にする。
アンポンタン先生［番場先生］　不可能だ。
サタン酸性［スズシロウ］　中学生が創った劇から生まれた元気の輪が、日本だけでなく世界中に広がっていく。
アンポンタン先生［番場先生］　不可能だ！　ありえない！
サタン酸性［スズシロウ］　先生はあ・く・ま・で「不可能」と言い続けるんですか。
アンポンタン先生［番場先生］　そうだ。
サタン酸性［スズシロウ］　忘れてしまったんですね、「それいけ！　アンポンタン」に登場していた頃のあなたを。
アンポンタン先生［番場先生］　……
サタン酸性［スズシロウ］　先生、答えてください。○でしょうか、それとも×でしょうか。
アンポンタン先生［番場先生］　……
サタン酸性［スズシロウ］　「それいけ！　アンポンタン」の主人公・アンポンタンは、不可能と思えることにチャレンジするヒーローだった。
アンポンタン先生［番場先生］　……○だ。
サタン酸性［スズシロウ］　アンポンタンの夢は、あまりにもばかげていたので、みんなからアンポンタンとバカにされた。
アンポンタン先生［番場先生］　……○だ。
サタン酸性［スズシロウ］　僕はそんなアンポンタンが大好きだった。
アンポンタン先生［番場先生］　……
サタン酸性［スズシロウ］　……○です。
アンポンタン先生［番場先生］　……
サタン酸性［スズシロウ］　アンポンタン先生、この劇を創っている中学生は、この劇で、病気で入院している人、地震や洪水の被害で苦しんでいる人を元気にできるって真剣に考えているアンポンタンなんです。夢を翼に未来に飛び立とうとしているアンポンタンなんです。僕が大好きな、アンポンタンなんです。
アンポンタン先生［番場先生］　……（昔を思い出す）

サタン酸性[スズシロウ]　それいけ！　アンポンタン！

アンポンタン先生[番場先生]　(スズナに)どうしてもこの続きが創りたいなら、創りたくて創りたくて仕方ないなら、創ってみろ。そして、中学生の君が中学校演劇の救世主になるんだ！　新しいヒーローになるんだ！

そう言ってアンポンタン先生は去っていく。

サタン酸性は、スズシロウとして舞台中央に立つ。

スズシロウ　創作、スタート！

全員が動き出す。

スズシロウは自分自身とバルタン星人の二役を演じる(落語を立って演じるイメージで)。

スズシロウ　ここが鬼ヶ島か。

バルタン星人[スズシロウ]　ふぁふぁふぁふぁふぁふぁふぁ。ようこそ鬼ヶ島に。

スズシロウ　バルタン星人。

下手側に、鬼たちが登場する。

鬼たちは、ゴメスを人質にしている。

バルタン星人[スズシロウ]　セリナズーナはどうした。

スズシロウ　セリナズーナは来ない。セリナズーナの代わりに僕が来た。

バルタン星人[スズシロウ]　セリナズーナ、怖気ついたのか(笑)[かっこ・わらい]。

スズシロウ　バルタン星人、聞いてくれ。僕は鬼を退治しに来たんじゃない、鬼を大事にしに来たんだ。お願いだ、ゴメスを解放してくれ。

バルタン星人[スズシロウ]　ふぁふぁふぁふぁふぁふぁふぁ。みんな騙されてはいけない。M78星雲から来たヒーローは、侵略者だ。

上手側に、『美女と野菜』の登場人物である人間(正確には人間と人間の姿をした野菜、ただし以後、人間と表記する)が登場する。

スズナが人間に加わる。

スズナ　スズシロウ！

スズシロウ　スズナ、どうして鬼ヶ島に？

スズナ　私たちみんな、あなたを追いかけて鬼ヶ島に来たの。

スズシロウ　みんな、ありがとう。

スズナ　スズシロウ、鬼は笑った？

スズシロウ　笑ったのは、バルタン星人だけ。ただ、それは軽蔑の笑いだ。

スズナ　どうやって鬼を笑わせるの？

スズシロウ　来年のことを言ってみようと思う。

スズナ　来年のことを言うと、鬼は笑うの？

スズシロウ　そういう諺があるんだ。それをここで試してみる。
スズナ　ばんばって……
スズシロウ　うん、ばんばる。（息を吸って）みんな聞いてくれ、僕は来年……
スズナ　来年……
スズシロウ　愛を告白するんだ、僕の大切な人に。

鬼は笑わない。

スズシロウ　ためだ、鬼が笑ってくれない。
スズナ　スズシロウ、あなたの大切な人って誰？
スズシロウ　それは、ス・ズ・ナ。
スズナ　！
全員　（1、2、3）えー！
スズシロウ　しまった、「ひ・み・つ」と言うつもりだったのに。来年言うつもりだったことを言ってしまった。

人間の一人が笑い出す。
その笑いが次から次へと広がっていき、鬼も笑い出す。

スズシロウ　鬼が、鬼が笑ってる。

その笑いの中で、鬼と人間が手を取り合い、抱き合い、笑い合う。
笑いは大きな渦となり、スズナとスズシロウもその笑いの渦の中に入っていく。

エピローグ

登場人物全員が舞台上に一列に並ぶ。

セリナズーナL　三十年ぶりにこの日記を読み返していると、日記に書かれてないことが頭をよぎる。その当時は書きたくなかったこと。それと、この日記を書き終えた後の出来事。

ナレーター［赤井］　赤井は七夕祭りに出た。そして、その時までに赤井はレッドクイーンではなくなっていた。赤井は劇が終わった後、笑顔だった。
ナレーター［金城］　実は、赤井たち演劇部上級生は、『土井ストーリー』をあきらめたわけではなかった。
ナレーター［青島］　『土井ストーリー』はみごと全国大会出場を決め、高校演劇作品の素晴らしさを証明した。
ナレーター［セリナズーナL］　けど、それはまた別の話、
ナレーター全員　別の時に話すとしよう。
ナレーター［里菜］　生徒会長の夏瀬里菜は、劇で被災地を元気づける活動を続けている。
ナレーター［あかり］　星あかりは、お笑い芸人となって病院巡りをしている。
ナレーター［御形］　御形さんは、ヒーローを集めて演劇塾を開催している。

ナレーター［番場先生］ 番場先生は、中学校演劇に魅せられ、日本の各地で中学生を集めて『つばさ』を上演し続けている。
ナレーター［セリナズーナL］ けど、それはまた別の話、
ナレーター全員 別の時に話すとしよう。
ナレーター［スズシロウ］ スズシロウはあの後、バルタン星人と親友になった。スズナとはどうなったかって？
それは、
ナレーター［スズナ］ ひ・み・つ。
ナレーター［セリナズーナL］ そう、それはまた別の話。
ナレーター全員 別の時に話すとしよう。
セリナズーナL （日記帳を閉じて）すべてのことが懐かしい。けど、一番胸に響いてくるのは、七夕祭り当日の日記だ。私たちが上演した『つばさ』は笑いに包まれ、最後は拍手が沸き起こった。私たちはその温かい拍手がうれしくて、観客と握手を交わし、抱き合い、笑い合い、そして泣いた。私たちはそこにいる全員で歌うための歌を用意していた。七夕祭りはその大合唱でフィナーレを迎えた。けど、それは別の話…ではない。

登場人物が、フィナーレの隊形に整列する。

セリナズーナL それでは、フィナーレです。
ナレーター全員 『翼をください』

フィナーレで、全員が『翼をください』を歌う。
できれば、そこにエンターテイメントとしての演出を加えたい。

――幕――

つばさを羽ばたかせ、飛び立つ前に

『つばさ』は、サブタイトルにあるように「創作にチャレンジしたい人たちのための創作劇」です。「創作をしてみたい。けど、ゼロから創作するのはあまりにもハードルが高い」という中学生、または中学生に関わる演劇関係者の方が、創作に向かって翼を羽ばたかせ、飛び立つための作品として創作しました。内容は、創作にチャレンジする中学生に向けての応援歌です。

劇中劇として挿入されるFile1〜File3は、『つばさ』を上演する方々が、上演の際に、自分たちが創作したFileと差し替えることが可能です。ただし、新しく創作したFileが、『つばさ』の中にある『桃・太郎』のような笑いにならないように充分気をつけてください。

また、File1〜File3を独立させて、新入生歓迎発表会や、小学生やお年寄のための小さな発表会等で上演しても結構です。『つばさ』を上演することが、創作スキルの向上に繋がることを願っています。

ちょっと、メロス

平成二十九年度　茅ケ崎中学校演劇部

登場人物
サキ中演劇部
3年
香奈　部長
透《とおる》　副部長・メロス
亮汰　甘えんぼキャラ・ナレーター
碧　何かと無視されるキャラ・セリヌンティウス
木葉　太宰治ファン・老婆
2年
千夏　優しくかわいいが役になると豹変するキャラ・女王
彩　3人娘の1人・妹・木・川・フィロストラトス
椿　3人娘の1人・花婿・木・川
胡桃　3人娘の1人・実は悩んでいる
花菜　双子・家来・木・山賊・警吏
陽菜　双子・家来・木・山賊・警吏
1年
風子　照明
有紗　音響
奏　道具
麻里　セリ「ス」ンティウス
明日奈　メロス
光　王ティラミス
轟　顧問・英語使いたがりキャラ
詩織　元大学演劇サークル部員・幻想・クールキャラ

・脚本の上演時間を短縮したい場合は、第四場をカットすると約40分の上演となります。

本文中の記号
／…セリフをさえぎって言う。
☆…同時に言う。
★…途中からセリフを重ねる。

参照文献
太宰治「走れメロス」
中屋敷法仁「贋作マクベス」
新海誠「君の名は。」
引用
「走れメロス」本文より

第一場　「なんで走るの？」

幕が上がる。薄暗い舞台上に無言で立つ群衆の姿が浮かび上がる。

群衆の中から次々と聞こえてくる言葉。

A　なんで走るの？
B　とりあえず美しく走る練習。
C　走らないでしょ普通こんなに。
D　だって主役はずっと走ってんでしょ？
E　走ればいいんでしょ、走れば。
F　ちょっとだけ走ろ。

♪M「メロス」（水曜日のカンパネラ）

走りだす群衆。その先に正義があると信じて疑わないかのように。

香奈　（突如音楽消え、立ち止まり）いらない。走る練習いらないから。

第二場　コメディがやりたい！

演劇部の部室では部長の香奈と、亮汰が夏の大会の脚本について言い争っている。

香奈　盛大に、却下?!
亮汰　ねぇぇえ！　一生のお願いだって言ってんじゃん！
香奈　はい、あんたの一生これで67回目?!　何回言っても却下！
亮汰　なーんーでー！　なんでダメなのー！
香奈　なんで、って、そりゃ理由は死ぬほどあるでしょ。
亮汰　えっ死ぬほどってすごくない？　どれくらい？
香奈　まず、あの太宰治を侮辱してる！
亮汰　ぶじょく。
香奈　尊敬の意思が全くみられない！
亮汰　そんけい。
香奈　リスペクト要素なし！
亮汰　りすぺくと。
香奈・亮汰　……。
香奈　却下?!
亮汰　やーだー！　太宰治さんはすごいことしか分からないけど、絶対おもしろいからー！　おれがおもしろくするからー！
香奈　おもしろくするのが問題だって言ってんの！　却下?!
亮汰　部長?!

やかましく言いあう２人。

そこに、上手から透《とおる》が登場。

透　どしたのー？
亮汰　ぁああ、透？　ちょっと聞いてよ！
透　なに？
香奈　あの話。このままじゃらちがあかないわ。
亮汰　部長が真剣に取り合ってくれない！
透　もうやらせりゃいいじゃん？　これ以上めんどくなんのごめんだよおれ／……。
香奈　はぁ?!　全く、副部長がそんなんでどうするのよ！副部長失格よ！
透　あー、怒られちった。
亮汰　あー。
透　もういいじゃん、このままじゃこいつ、ずっと諦めないっしょ。なぁ？
亮汰　おう。
香奈　よくありません！　良いはずがない！
透・亮汰　ええーーーー。
香奈　あんたらねぇー……最後の夏の大会でそんなレベルの低い演劇やりたいわけ？　太宰治よ？　やるならしっかりやらないと、サキ中演劇部のイメージダウンよ！
亮汰　タイトルだけでも聞いてよ！
香奈　はぁ？
亮汰　お願い！　おーねーがーいー聞いて聞いて聞いて聞いて……！
香奈　うるさい！
亮汰　聞いてくれたら黙る！　聞いて聞いて聞いて聞いて……。
香奈　はぁ……、ちょっとだけよ。手短に終わらせて。
亮汰　えー……コホン。それでは、発表します……そのいち。「走れよメロス！」（決めポーズ）
香奈　はいつぎ。
亮汰　そのに。「今でしょメロス」（決めポーズ）
香奈　はいつぎ。
亮汰　そのさん。「メロス、走るのやめるってよ」（決めポーズ）
透　（ちょっとウケる）
香奈　（透をにらんで）はいつぎ！
亮汰　そのよん。「夜は短し走れよメロス」（決めポーズ）
香奈　はいつぎ!!
亮汰　これとっておき。……「メロッサー？　メロスと地獄の3日間？」（どや顔で決めポーズ）
香奈・透　意味わかんない……。
亮汰　一生懸命考えたのに！
香奈　えっ。
亮汰　……うわあああああーん！

亮汰、大げさに泣き始める。
泣き声に反応しながら千夏・木葉・碧、登場。

千夏・木葉・碧　おはよーございます。
千夏　なに？　なに？　わぁ、大丈夫ですか亮汰先輩？
木葉　またもめてるの。

碧　どうした⁉
透　あぁ、千夏、木葉。亮汰がさ、今年の夏はメロスのコメディやりたいんだってさ。
碧　おれは？
千夏　コメディ？
碧　おい無視すんじゃねー。
千夏　私たち大会ではコメディやったことないですけど、3年生の皆さんはあるんですか？
亮汰　ないの！　だからやりたいの！
透　で、いま色んなパロディのタイトル発表してたわけ。
香奈　私は絶対認めないからね！
透　うーん……千夏と木葉はどう思う？
碧　おれもいるって。
木葉　「走れメロス」だからね……太宰治の中期の作品で一見友情ものと見せかけ／
香奈　／そうよ太宰治でコメディなんか無理に決まってるわよ。
透　ふーん。
亮汰　やだよ、おれはコメディやりたいの！
木葉　ちょっと聞かせて。
碧　ねぇおれの意見は聞かねぇの？
亮汰　おっけ！(ネタ帳を開いて)じゃあさっき言わなかった渾身の1作を……！
香奈以外　おお？
亮汰　(ふり付きで)「メロさない、メロします、メロす！」
一同　……。
碧　すげー！
木葉　サ行五段活用……。
香奈　やっぱりコメディはダメよね！
千夏　ちょっとメロスには無理がありますよねぇ。
碧　おれいいと思うんだけど。
亮汰　一生懸命考えたのにぃいいいいいいいいい。
碧　無視すんなよぉおおおおおおおおおお。
亮汰・碧　うわあああああん。
香奈　うるっっさいわねぇ！

花菜・陽菜・椿・彩・胡桃、登場。

花菜・陽菜　おはよーございまぁす！
彩・椿・胡桃　おはよーございます！
胡桃　……。
千夏　おはよー。
花菜・陽菜　今何してたんですかぁ？
☆亮汰　ぶちょーがぁあああああ。
☆碧　みんながぁあああああああ。
香奈　私のせいじゃないでしょー！
透　まぁまぁ、落ち着けって。
香奈　じゃあ、そろそろはじめよう。この前投票もしたし「走れメロス」でいいわよね？
亮汰　さんせー！「走れメロス」のコメディやろう！　おれ、台本書いてきたんだー！(と台本を持ち出す)
香奈　だいほん？？？(咳払い)……ちゃんとした、「走れメロス」でいいわよね？
亮汰　おもしろい、「走れメロス」がいい！

香奈・亮汰にらみ合う。

透　でもさぁ、マジでどうすんの？　タイトルはまぁまぁ面白かったけど……。
亮汰　顧問も気に入ってくれると思うよ、けっこうお笑い好きそうだし／
香奈　／あんな顧問はどうでもいいのよ。
透　おれ、結構好きだよ？／（ほかのみんなも同意しかけるが）
香奈　／何言ってんのよ、いっつもふざけてばっかりじゃないの。みんなもそう思うわよね？
香奈以外　……。（自分の意見が言えない感じ）
木葉　……ねぇ香奈、とりあえず1回それでやってみたら？　亮汰も落ち着くかもしれないし……。
香奈　……うーん。じゃあ、1回だけよ。
亮汰　よっしゃ！　部長キャスティングして！（と台本を配り始める）
香奈　そうねぇ。（と亮汰作の台本をパラパラめくり）……メロスは、透。
透　え、おれ？
香奈　王は女王にして、千夏ね。
千夏　わかりました。
花菜　え、千夏が？　千夏、優しいのに……。
陽菜　そうだよ千夏、こんなにひどい王様役なんて大丈夫……？
千夏　がんばってみる！
香奈　老爺を老婆にして、木葉お願い！
木葉　了解。
香奈　女王につかえる家来を、花菜と陽菜がやって。あ、あと山賊もお願い！
花菜・陽菜　はぁい!!
香奈　セリヌンティウスは……あ、いた碧！
碧　よっしゃ、おれいる！

亮汰、そわそわしている。他のみんなは、小道具や衣装を用意。

香奈　最後に、
亮汰　さ、さいご!?
香奈　妹と花婿は彩と椿、よろしく！　あ、あと胡桃と3人で木と川もやってね！
椿　わかりました！
彩　はーい。役たくさんもらえたねぇ。（などと話す）
胡桃　……はい……。（あまりうれしそうではない）
香奈　よし！　やろっか。
亮汰　おれは!?
香奈　あんたは……ナレーター！　最初と最後にちょこっと出てくるのよね。
亮汰　えっ……。

亮汰、隅で落ち込む。

香奈　準備いい？
それぞれ　大丈夫です！・いいよー。など。
香奈　みんな、演劇部だからちょっと目を通せば台本持たなくても、できるわよね？　毎日がオーディションなんだから！

皆、一瞬真剣な目で台本を読む。胡桃だけが不安げな顔で、固まっている。

香奈　いくわよ、よーい、（はい）
亮汰　走れメロス。太宰治。……メロスは、げきおこした。

一同、ズッコケる。

透　げきど、な。
亮汰　えっ、初めて知った……じゃあ仕切りなおして……メロスには政治がわからぬ、だが邪悪に対しては、人１倍に敏感であった。彼は村の羊飼い。結婚式間近の妹と暮らしていた。そんなメロスが妹の結婚式の買い出しで町に来たが、なんだか様子がおかしい。怪しく思ったメロスは、１人の老婆を問い詰めた。
老婆（木葉）　女王様は人を殺します。
メロス（透）　え、まじで？　なんで？
老婆　悪心を抱いているというのですか、誰もそんな悪心を持ってはおりませぬ。
メロス　どんくらい殺したの？　たくさん？
老婆　はい。初めは、女王様の妹婿様を、それからご自身のお世継ぎを、それから……。
メロス　え？　やばくない？　おれちょっと女王に話つけてくるわ。

メロスが老婆の話を聞かずに王のもとへ行こうとするが、老婆はかまわず話し続ける。

老婆　国王は人を、信ずることができぬというのです……。
メロス　オッケーグーグル。城までの道のり！
老婆　……おぬし、最後まできけよれえええええええ。

老婆、退場。

メロス　えっと、まっすぐ行って、左……。
家来（双子）　だれだ！
家来１　侵入者か。
家来２　侵入者だ。

家来、メロスを捕まえる。女王も登場。女王（千夏）、ノリノリである。

女王（千夏）　何事？

家来　はっ。

隅で見ている部員一同、千夏の豹変ぶりに唖然とする。

家来１・２　女王様。この者が城に無断で侵入しようとしていたところを我々がとらえました。
女王　よくやったわ。まず手荷物検査をしなさい。貴金属はすべて没収よ。
家来１・２　はっ。

家来、カバンの中をあさる。

家来１・２　これはなんだ。
メロス　じゃがいもだ。
家来１　どこで買ったんだ。
メロス　イオンだ。
家来２　お得なのか。
メロス　そー、20パーセント引きー
家来１・２　はっ！　こ、これは……！
女王　なに？……た、短剣じゃない!!　城に短剣を持ってくるなんて……とりおさえなさい！
家来１・２　はっ。
メロス　え、包丁だし……じゃがいもをむこうと思って。
家来１・２　あー申し訳ない。
女王　そんなこと言って！……私を殺そうとしてたんじゃないの？
メロス　いや殺そうとはしてないけど／
女王　／嘘つけ！
メロス　えっ、めんどくさ。
女王　なんですって？　あなたみたいな庶民に私の心がわかるはずないわ！……君の名は？（片手をさし出す）
メロス　……メロス……。（女王に応えるようにメロスも片手をさし出す）
女王　……メロス！……。

映画『君の名は。』風に手と手を合わせ、見つめ合う２人。

女王　……メロスの首をおはね！
メロス　はぁぁぁ？
女王　こうなったのはあなたたちのせいよ！　私だって平和を望んでいるのに……！
メロス　え、何言ってんの？　お前めっちゃ人殺してんじゃん。
女王　お黙り！
メロス　お前情緒不安定すぎない？
女王　生意気ね！　こっちは殺す準備もうできてんのよ！
メロス　……え？　え？　え!?　おれ殺されんの？
ちょっと待って、今日!?　今日!!？
女王　当たり前よ！
メロス　待って待って、今日はだめ！　無理！　困るんだってまじお願い。お願いだから！　殺さないで!!
女王　反抗ばっかりして！　ますます殺したくなったわ

メロス　……！
メロス　いやいやちょっと待ってよ！　妹の結婚式があるんだって！　きっと今頃おれのことを待ってる！　だからお願い、村で妹の結婚式を挙げさせて!!　処刑までに3日くれ、絶対帰るから！
女王　逃がした小鳥が帰ってくるとでも？
メロス　小鳥は知らねえけどおれは帰ってくるから！　お願いします。約束はぜったい守ります。3日間だけ！
女王　訳のわからないこと言わないで！
妹がおれの帰りを待ってんだよ！
メロス　あ、
女王　なによ。
メロス　いいこと考えた！
女王　はぁ？

メロス、セリヌンティウス（碧）に電話をかける。
♪SE、ラインの通話着信音。
離れた場所でセリヌンティウスが電話に出る。

メロス　もしもしーセリヌン？　オレオレ。
セリヌンティウス　え、オレオレ詐欺？
メロス　ちげーよ、メロスメロス！
セリヌンティウス　あー、おー、メロス！　久しぶりー……
メロス　／（さえぎる）あのさー。
あ、もしかしておれのたんじょ／
セリヌンティウス　なに？
メロス　今殺されそうでさー。
セリヌンティウス　は？　え、今どこいんの？
メロス　城城、乗り込んだったw
セリヌンティウス　城!?　お前、女王に殺されんのwww
（小声で）スケールでけぇな。
メロス　そー、んでさ、おれのかわりに城にいてくんない一？
セリヌンティウス　（適当に話を合わせて）あーおけおけ、いいよ。
メロス　お、せんきゅー、じゃ、よろしくな！
セリヌンティウス　はいは／（M、トゥルルン）

♪SE、ラインの通話きれる音。

セリヌンティウス　……誕生日のサプライズ城でしてくれるなんて相変わらずいい奴だなーメロスは。

女王と家来、メロスの携帯を奪い「インスタ映えー」と自撮りする。

香奈　カァーーーーーーーーーーーット！

劇中劇止まる。

香奈　……なんでメロスが携帯持ってるのよ！　通話しない！　老婆の台詞をちゃんと言わせろ！　何この台本！

こんなの走れメロスじゃない！
亮汰　えー、けっこう面白くない？
香奈　口答えしない!!!
亮汰　……はーい。
香奈　他の人も返事！
透以外　はい！
香奈　じゃ、いくわよ。そろそろ仲良し３人組も準備してね。
彩・椿　はーい！／
胡桃　／あ、あの……私今日、検診で……。
千夏　……あ、今日もなんだ。
香奈　（小さくため息ついて）お疲れさま。
胡桃　お疲れさまでした。失礼します……。
香奈以外　お疲れさま？（後輩はお疲れさまでした？）

胡桃、思いつめた様子で退場。亮汰と一瞬目を合わせ、うなずき合う。

香奈　また水曜日……。
透　あいつ腕折ったのいつだっけ。
木葉　１年前？
彩　水曜日が１番長く部活できて楽しいのにね？
椿　通し練でキャスティングしてもらえるし楽しいよね？
香奈　はい、おしゃべりやめて。じゃあさっき止めたところから！　もうちょっと真面目にやってよね！　いくわよ、よーい、はい！

劇中劇再開。

女王　それで、良い事とは……？
メロス　……おれの竹馬の友、セリヌンティウスをここにおいていく。３日目の日暮れまでにここに帰ってこなかったらその友人を絞め殺してください。頼む！
女王　……なるほど。友人を人質にってことね。……いいじゃないの。

劇中劇に碧、登場。

セリヌンティウス　あ、メロスやっほー。
メロス　おー、来てくれてありがとー。
セリヌンティウス　なんかよくわかんねえけど任せろ！
女王　……へぇ、あなたがセリヌンティウスね……（セリヌンティウス、うっすとうなずく）、メロス、３日目の日暮れまでに帰ってくるのよ。もし遅れたら身代わりを殺すわ！……あ、むしろちょっと遅れてくれれば？　そしたら貴方の罪はなかったことにしてあげる。って、そんなのわざわざ言わなくてもしらばっくれるつもりだったわよねぇ！
メロス　はぁ!?　こいつとの友情は本物だから！
セリヌンティウス　３年間会ってなかったけどな。
メロス　まぁな？　あはは。
女王　まあ、精々頑張りなさい。楽しみにしてるわ。……

死にたくないなら遅れてくるのよ！
セリヌンティウス　？
メロス　……じゃあな、セリヌン！

女王と家来、セリヌンティウスを引き連れ、退場。

メロス　よし、待ってろ、妹！

メロス、走る。

ナレーター　そしてメロスは走りだし妹と花婿のもとへついた！
メロス　妹！　花婿！　これから結婚式すんぞ！　村の人たちにLINEして！　結婚式は明日な！
妹（彩）　え？？
花婿（椿）　明日？　無理です！　せめて葡萄の時期まで待っ／（てください！）
メロス　お願い！
花婿　無理！
メロス　おい！　お前、義理の兄に向かってなんて口のきき方！
花婿　さーせんした！
メロス　許してやる。その代わり、結婚式は明日だ！　村人に知らせてこい！
花婿　はい！

♪M、結婚行進曲。
花嫁・花婿とそれを祝う村人たち（花菜・陽菜）。結婚式の幸せムードに浸っていたメロスがハッと時計を見る。

メロス　あ、もうこんな時間！　妹！　花婿！……結婚おめでとう。おれ、疲れちゃったからちょっと寝るわ。おれがお前たちに言いたいことは、ひとつだけ。お前たちの兄は、多分すっげー男だから！　誇れ！
花婿　はい！

妹・花婿、退場。

ナレーター　そして宴席から立ち去り、羊小屋に潜り込んで死んだように深い眠りについた。……死んでないけどね。ぐうぐう……はい、朝！
メロス　……はっ！　寝坊した？……いや、今出たら間に合う……、今日はあの女王に本物の友情と信実を見せつけてやる！　そしてかっこよく死んでやるよ！　うっし！
ナレーター　ひとつ気合いを入れて、良いスタートを切った。

森の中を駆け抜けるメロス。
花菜・陽菜・彩・椿、張りぼての木を持って走り出そうとしたところで、

香奈　カァーーーット!!　ちょっと何なのよこれ！　このふざけた台本すらアレンジしまくって！　ひどすぎるわ！
碧　あ、部長おこだ。
香奈　（ものすごい剣幕で）セリヌンティウス略さないで！　走るシーン雑すぎ！　ナレーターが物語進めないの！　花婿適当に扱わないで！　ラインは出すな！
透　おう……。
亮汰　はーい。
香奈　大体ねぇ、あんた、何いつの間に出てんのよ。最初と最後だけでしょ、この台本では！
亮汰　だって出番少なかったんだもん！
香奈　はぁ?!……みんな、ちょっと聞いて。私はね、みんなにも太宰へのリスペクトを込めてやってほしいの!!
一同　いい!?
香奈　……。
香奈　返事は!?

顧問の轟、登場。

轟　Hello. my students! Me の name は Car, car, car で轟だー！（決めポーズ）
碧　毎日登場するたびにやる？　普通。
香奈　そんなことより聞いてくださいよ先生！　走れメロスをやるはずなのに、副部長が原作をぶち壊してるんです！
轟　まあまあ！　そんなにアングリーしないで。そんなときはpillow book、つまり枕草子でも読んで心を落ち着かせるんだ！　positive thinkingだ！
香奈　もういいです。
轟　えっ。
香奈　だって先生変なことしか言わないじゃないですか！
轟　Don't worry!　今日の轟はーdifferent! つまりー？　違うぜ！
香奈　先生さっき校長先生が呼んでましたぁ！
轟　（すぐに気を取り直して）おっけぃ！　校長室へ go だ！　see you again!

轟、退場。

香奈　あげいん？　また来んのー？　あーもう！　あれが私たちの顧問なんて……なんて頼りない先生なの！　顧問失格よ！
透　えー？　おれ結構好きだよ？
木葉　実は私も嫌いじゃないよ。
千夏　私も。
亮汰　おれも。
碧　おれも。

実は香奈以外のみんなは轟先生を嫌いではない。

香奈　なによみんな！　みんなして私に「忖度」してたっ

てわけ？　顧問が頼りないからこんなに私が頑張らなくちゃいけないってのに……。もういいわ。じゃあ続きやるわよ！　もうちょっと原作に忠実にやってよね！　良い？　よーい。

メロス、走る。
椿・彩、花菜と陽菜、それぞれ両手に木の道具を持ってメロスと逆方向に走る。

メロス　おれは今宵殺される。殺されるために、走っているのだ。女王のねじ曲がった心を打ち破るために走る。そうして、おれは、殺される。若い時から名誉を守れ。さらば、ふるさと!!!
ナレーター　メロスは辛かった。自身を叱りながら走った。
メロス　えい、えい！
ナレーター　何度か立ち止まりそうになったが、野を超え、森を超え、隣村に着いたころには雨もやみ、日は高く昇って、暑くなってきた。
メロス　（立ち止まり）あっちーな。（木も止まる）
ナレーター　ここまで来ればもう未練はない。急げ！
メロス　（再び走り出し）妹たちは今頃楽しく暮らしているかな。（木も走り出す）おれは今、王城に行くことだけに集中すればいい。時間どおりに着けばいい、ただそれだけさ。そんなに急がなくてもいい、ゆっくり歩こう。
ナレーター　持ち前ののん気さを取り戻し、メロスは歌を歌いながらぶらぶら歩いた。（木もスキップではける）
メロス　ららら−−−……。（鼻歌）
ナレーター　やっと半分歩いたところで、メロスの足はぴたりと止まった。なんと、目の前に荒れ狂う川が！　まるで、一〇〇匹の大蛇のようにのたうち荒れ狂う波……！……おれ、かっこよくない？

♪SE、荒れ狂う川の音。
椿・彩・花菜・陽菜、４人で荒れ狂う川を表現する。

メロス　うっわ、やべぇ……、どうしよこれ……。
ナレーター　メロスは呆然と川を見つめている！　さあ、どうするメロス！
香奈　カァーーーーーーット！

劇中劇、中断。

香奈以外　え？
透　結構良くない？
木葉　途中からはなかなか良い仕上がりに／なってきて……。
香奈　いや、足りない。
透・木葉　え？
香奈　時間足りないから。ちょっと巻いて。こっちは友情シーンが欲しいんであって、メロスが走るとか、心折れるとか全然いらないから。走るシーンいらない。巻いて。
透　はあああ？　題名「走れメロス」だけど。走らないと意味なくない？

香奈　いらないって言ってるでしょ！　はい、じゃあ巻いてやってね！　いくわよ、よーいはい！

川のシーン再開。激しく川を演じる彩と椿。

第三場　裏方のプライド

ところ変わって、ここは演劇部倉庫。

轟（声）　ユーたちに重要なミッションを与える。部活倉庫のクリーニングをしておいてくれたまえ！

3人（声）　はーい。

照明・風子、音響・有紗、大道具・奏、登場。

スタッフたち　よし、やるかー。

掃除を始める3人。だが早々におしゃべりが始まる。

風子　ね、照明の話するね！　ホリゾント幕って知ってる？（有紗、嫌な顔をする）ホリゾントっていうのは、光で空を表すんだって。緑とか紫とかいろんな色が作れるのに、ホリゾントは空なんだからそんな風に何でもかんでも使うもんじゃない、ってホールのおじさんには言われたの。★でも実際、使ってる学校とかあると思うし、なんでだめなの？　とか思っちゃうわけ。それで……。（聞いてないことに気づく）

★有紗　（話を聞かず、詩織の話の途中から奏に話しかける）やっぱり暗転のときには「ブリッジ」の曲が絶対必要だと思うんだよね。だからあの曲がさぁ……。

風子　（話を聞いてないのに気づき）ちょっと！　人の話聞きなさいよ！

有紗　はぁ？　長々と照明の話されても興味ないし！　音響のほうがやりがいあるし！

風子　はぁー？

☆風子　絶対照明のほうが！

☆有紗　絶対音響のほうが！

奏　スト〜〜〜ップ。ビー・クワイエット!!

奏、2人を突きとばす。

奏　早く掃除にカム・バック!!（胸を張って）ちなみに大道具がもっともインタレスティング！

風子　……ごめん……。

有紗　掃除、しよっか……。

掃除を再開するが、すぐに飽きて、

風子　やっぱやってらんない！　だいたい1年生は6人な

のになんで私たち3人だけ掃除なのぉー！
有紗　確かに！
奏　イエス！
風子　サボりまーす！
有紗　サボりまーす！
風子　せっかくだから、とっておきの滑らない話しまーす！……私が照明を好きになったのは、そう、たしか小学校4年生の時……。
有紗　ちょっと待って！
風子　何よ！
有紗　私の方が早く音響好きになってる！　小学校3年生の5月からだもん！　よって、音響の方が面白い！
風子　はー!?　あんた何言っとるがね、じゃあ私、産声あげたその瞬間から好きだわ！
有紗　はー？　じゃあ私江戸時代から好きー
風子　はぁあああん？　じゃあ縄文時代から好きー
有紗　ふぁああああん？　最終氷河期から好きー
風子・有紗　ホモサピエンスが誕生したときから好きー！
奏　ストーーップ、大道具がもっともインタレスティング！

風子・有紗・奏、互いに自分の思いを主張し、もめる。そこへ颯爽と轟先生、登場。

轟　全然掃除がはかどってないじゃないか、何をしてたんだユーたちは？
風子・奏　……。
轟　何を黙っているんだ？　そして……なぜ言い訳をしない？
風子・奏　……。（「言い訳？」と、びっくりな顔）
轟　早くするんだ言い訳をナウ！　ナウ！
風子　（奏と耳打ち、相談）掃除が嫌いだからです！
轟　言い訳になってない！
有紗　えっと、掃除しようとしたらティラノサウルスが絶滅する前の話で盛り上がっちゃてぇ……。
轟　……excellent！　いいか、おれは何も言い訳人間になってほしくて言ってるんじゃないんだ。演劇部員ともあろうもの、頭の中に言葉をもて！　自分の気持ちは自分で説明しろ！……オオ、ノー。うっかり本気モードになってしまった。ではそろそろmeはgo to the teachers roomだ。次に会うときはもっとワンダホーな言い訳を考えておけ。では、see you again！
3人　しーゆーあげーん。

轟、去る。

有紗　……先生、なんでいつも英語なの？
風子　なんかちょっと……やばいよね。
奏　ノー、ノー、ノットヤバい！
有紗　あ、そっか。奏ちゃん、轟先生好きだもんねー！
風子　だから轟語で喋るんだよねー
奏　イエス。アイ　リスペクト　ミスター轟。

風子　轟先生ねぇ……私、この前校長室に呼び出されたとき思ったんだけどさ、真剣な話をするときはふつうに日本語だよね？
有紗　そういえばそうだねー。
風子　そういえば、といえばそういえば、「メロス」進んでるかな？
有紗　うん！　先輩たち、上手だもん！
風子　だよね！
奏　イエス！……バット、部長イズベリーナーバス。
風子　うん、部長、なんか最近、ちょっとこわいよね……。
有紗　ねー……。胡桃先輩も毎週水曜日に早退しちゃうし……。
風子　でも、もっとみんなで楽しく部活できると良いのにね。
☆有紗　ね。
☆奏　イエス。

3人、しばししんみり。やがて。

風子　よし！「メロス」がどうなってるか、ちょっと覗きに行ってみようよ！
有紗　えー、大丈夫？？
風子　平気平気！　先生に会わないようにあっちの（と、来た方と違う方角を指さし）渡り廊下から行けば。
有紗　そっか。じゃあ、行こうか！
奏　レッツ　ゴー。

3人、去る。

第四場　轟について

しばらくして轟、3人が去ったのとは逆方向からやってくる。

轟　（携帯で誰かと話している）いえ、お気持ちはわかります、お母さん。ですが、信じてもう少し待っていただけませんか。……はい……。（少し納得いかないように）はい、わかりました。失礼します。（携帯、切る）ユーたち、掃除が終わったらちょっと話を……。

何かを考え込む轟。
携帯の着信音が鳴る。轟、また同じ保護者からだと思い慌てて出る。

轟　はい、お母さんですね。ご心配かと思いますが、胡桃さんや彼らを信じてあげてくだ／
詩織　／え？　もしもし？　轟君？
轟　……どちら様ですか？
詩織　わたしわたし、詩織。大学の同期だった。元気？

サスの中に携帯を持った詩織が現れる。

轟　詩織？　あぁ……詩織。久しぶり、……すまない、部活の保護者かと。
詩織　なんか疲れてるね、轟君。大丈夫？
轟　ああ、まぁ……何か用があるんだろう？
詩織　あー、それなんだけどね。うちらがいた劇団サークル創立10周年を記念して、歴代の劇団員を集めてパーティーを開くことになったんだって。私後輩からメールもらったんだけど、途中で辞めたし行きづらいなぁって。轟君知ってた？
轟　いや……。
詩織　えっーと？　9月の……2週目の、土曜日？　かな？
轟　……俺は、行って良いんだろうか。
詩織　えぇ？　何言ってるの、轟君は行かなきゃでしょ。自分が立ち上げたんだから。スピーチも頼まれるよ、きっと。
轟　詩織。……本当は君にもみんなにも会いたい。会って謝りたい……ずっと思ってたんだ。俺は……俺はやっぱり間違ってた。……あのとき、君に言ったひどいことも……。
詩織　……。（ため息交じりに苦笑）あぁ、あれ……んー、どうかな。……そうだね。そうかもしれない。だけど、あのときの轟君は、私たちのために ああやったんでしょ？劇団立ち上げて初めての本公演でさ、宣伝もいっぱい打って大変そうだったよねぇ。
轟　……。
詩織　オーディションの前から轟君言ってたよね？『詩織、君がメロスだ』。でも本当は自分がメロスをやりたかったんでしょ？　轟君が脚本書いて持ってきた時、すぐ分かったよ。轟君はメロスやりたいんだなーって。まるで、轟君の生き写しみたいだったもん。
轟　……そんなことは……。
詩織　自分の気持ちより、より良いキャスティングを優先！って簡単に出来ることじゃない。それも、あんなに熱意を込めて書いた役。轟君の正義感に圧倒されたよ！まさしくメロス！
轟　正義感……。でも結局俺はそれを振りかざして、君にひどいことを言ってしまった。『もう君のことは信じられない。みんなに迷惑だ。できないならや／（めてしまえ）』
詩織　／いいって。私はそういうことが言いたいんじゃなくて……っていうか、ほら、終わったことだし。
轟　でも、あのときの君はそうは思わなかったはずだ。だから、君は俺たちの前から消えた。……それで結局、君がいなくなった後の代役を使ったあの公演も、成功したとは言い難かった。
詩織　だーかーらー、もう……。轟君、いま中学校の演劇部の顧問やってるんだって？
轟　知ってたのか。
詩織　それで、わたしちょっと思ったんだけど……、それ、私たちのせい？　いや、せいっていうか、……私たちへの、償い……みたいなのがちょっと入ってるんじゃないかなーって。
轟　……それは……俺はみんなを追い詰めすぎた。俺が勝手にみんなの気持ちを分かったような気になって、正しいことをしたような気になって、独りよがりな演出ばかり押し付けて。
詩織　やっぱり……いやー……。
轟　なんだ。
詩織　あ、ごめん、……うん、やっぱり君はいい人だね。
轟　どういうことだ。
詩織　あのね、轟君。私たち皆、そこまで真剣にとらえてないの。
轟　は？
詩織　まぁ確かに、ちょーっと嫌な思いしたけど、それでも、あなたについていったのは何でだと思う？
轟　……。
詩織　ついていきたいと思わせるかっこよさがあったからだよ。それに、私たちが勝手についていって、勝手に離れていっただけ。結局、独りよがりだったんだよね、みんな。私も。まぁ、もちろん、轟君も。私たちも謝らなきゃいけないの。だから、ぜーんぜん、轟君だけが気負う必要なし！
轟　でも、君たちを傷つけた事に変わりは……。
詩織　もういいって。私たち、そんな呪いみたいに思ってほしくないよ。
轟　……。
詩織　もっと早く言ってれば良かったね。ごめんね、辛い思いさせて……まぁ、こうは言ったけど、轟君が私たちのことそんな真剣に考えてくれてたんだって、うれしかったよ。ありがとう。
轟　詩織……。
詩織　それにほら、大事なのはこれからでしょ？　轟君も分かってるはず。きっと、轟君が今やらなきゃいけないことは私たちに謝ることじゃない。支えてあげなきゃいけない人がいるんでしょ？
轟　あ……。
詩織　さっきだって、あんなに一生懸命言ってたじゃない、『彼らを信じてあげてください』。……今のあなたは、もう昔のあなたとは違う。ちゃんと、誰かを信じられる。
轟　そう……なんだろうか。
詩織　ほら、まずは自分が自分を信じてあげなくちゃ。メロスみたいに。
轟　……あぁ。
詩織　よし！　じゃ、パーティーは出席！　一緒に行こう。一緒に、皆に会おう。
轟　そうすることにするよ。
詩織　うん、メアド変えてない？　あとでメールするね。
轟　頼んだ。

通話が切れる。詩織退場。
立ち尽くす轟。

第五場　「正しい」友情？

再び部室で劇中劇再開。激しい川を演じている彩・椿・花菜・陽菜。

メロス　おれにわたれない川なんかねえええ！
ナレーター　おーっと、メロス選手、腕を振り上げ川を一気に渡る！
メロス　うおおおおおおおお……ん？

山賊（花菜・陽菜）登場。

山賊1・2　わあああああああああ。
山賊1　金よこせよ！
メロス　金なんかない！
山賊2　じゃあ命をよこせ！
メロス　この命、今から女王にくれてやるんだ！……さてはお前ら、女王に送られてきた家来だな！　放せ！

メロス、山賊と戦う。あっという間に倒してしまう。

メロス　じゃあな！
ナレーター　メロス選手！　第2関門クリア！
メロス　おけ……はーおれも疲れたわ……てか本当はメロスとかやりたくなかったし？　勝手に押しつけられてめっちゃ疲れるんだよねー……あーあ、走るのやめよっかなー……。
ナレータ　おっと、メロス選手挫折か⁉

わきで水を飲んでいた碧の手からペットボトルが落ち、メロスの足元へ転がってくる。

メロス　あ、水じゃん。ごくごく。何これいろはす？　まじうめぇ！　よーし走るぞ！
ナレーター　メロス選手、水を飲んで復活だ！
メロス　うおおおおおおおおおお‼

花菜・陽菜、木を持って走る。（メロスと反対方向に走り続ける）

ナレーター　⁉　速い！　めっちゃ速い！　メロス選手、風のように駆け抜ける！
メロス　うおおおおおおおおおおおおおお‼
ナレーター　あまりの速さに服も……、（メロス、恥ずかしそうに服を押さえ、「無理」と目配せ）……破けない！　おー、あっと言う間に城下町！　速いー！　セリヌンティウスの弟子が何か言ってきた気がするけど、速すぎて聞こえない！　速い！　速いぞぉ！

「フィロストラトス」と書かれた紙を持って、彩が走るが、メロスに追いつけない。

メロス　うおおおおおおおおおお‼
ナレーター　もう王城だ！　あ、急がないと！　セリヌンが殺されそう！

セリヌンティウス、家来たちに捕らえられ、暴れている。

セリヌンティウス　え⁉　これマジなやつなの！　誕生日のサプライズじゃないの⁉　パーティーじゃないのぉ⁉女王　何を訳の分からない事を抜かしているの！　これだから庶民は！
家来1・2　かわいそうに！
セリヌンティウス　やめてやめて！　聞いてねーぞメロスうううううー‼
メロス　ちょっと待った！
女王　その声は……！
セリヌンティウス　メロス‼
家来1・2　おー！
メロス　約束だ、セリヌンを釈放しろ！
女王　……セリヌンティウスを離しなさい。
家来1・2　はっ。
セリヌンティウス　メロス……！
メロス　セリヌン……！
セリヌンティウス　……てめぇ騙しやがってふざけんなよこの野郎！

セリヌンティウス、メロスを殴る。

メロス　あぁ⁉　やりやがったなこの野郎！

メロス、セリヌンティウスを殴る。

セリヌンティウス　いってえ！　この！
メロス　最終的に助けたし良くね⁉
女王　（2人に駆け寄り）わー、友情ってすばらしーなー、おともだちっていいなー！　私もお友達つくって、いーっぱい、なーぐろ！　殺すのやーめた！
家来1・2　バンザーイ！　バンザーイ！
ナレーター　こうして、国に平和が訪れた！　おわり！
香奈　カァーーーーーーット！

劇中劇終了。

香奈　いや……は？
透　はい。お望み通り巻いたけど。
香奈　あんたたち、本気でこれがいいと思ってんの？　友情シーン大切って言ったわよね？　確かに互いを殴るシーンはあるけどこうじゃないわよね？　女王の改心の仕方違うわよね？　もっと友情を強調したお芝居にできないわけ？　だれか、もっといいアイディアがある人はいないの?!

1年生の3人、元気よく登場。

光　はーい！　先輩！　僕たち１年生で考えてきましたぁ！
麻里　見てください！
香奈　いいわ、じゃあ1年生。やってみて。
透　は？　何言ってんだよ、部長。今回は2、３年でって／
香奈　／いいのよ、芝居のクオリティさえ上がるなら。さ、始めて。
明日奈　あの？　キャスト足りないんで、花菜先輩と陽菜先輩、手伝っていただけますか。（とメモを２人に渡す）
花菜・陽菜　……はーい。（と渋々スタンバイ）
香奈　いくわよ、よーい。はい！

警吏（花菜・陽菜）、セリヌンティウス（麻里）の両脇を固めて中央へ連れてくる。

警吏１（花菜）　ほら、さっさとしろ。
セリヌンティウス（麻里）　え？　なんだなんだ？
警吏２（陽菜）　だまれ、こっちにすわれ。
セリヌンティウス　だからなんなんだ。もうすぐメロスは帰ってくる。くるに決まってる。来るだろう。来るに違いない。来るかなぁ。来ればいいなぁ。来なかったりして……。
警吏１　なにをごちょごちょ言ってるんだ、黙れ。
警吏２　黙れ。

警吏、セリヌンティウスをつるし上げる。

セリヌンティウス　え？？　あれ？　もしかして私は殺されてしまうのか？　メロスがちょっとそんなこと言ってたかも。いや、メロスと私は大の仲良しだ！　メロスが私を見殺しにするはずが。わ～～、やめて～～、ちょっと、ちょっとめろすぅ～～～！
メロス（明日奈）　メロス参上！（決めポーズ）セリスンティウスを人質にした私は、ここだ！（セリ「ス」ンティウスと聞き、上級生がざわついている）セリスンティウス！　すまなかった。私を殴れ！　私は1度、きみをうたがってしまった！　だから私を殴ってくれ！
セリヌンティウス　メロス！（と1発殴る）メロス。私のことも1発殴れ。私も君を1度、いや、２度、いや３度４度５度？……何度も疑ってしまった。だから私を殴ってくれ！
メロス　セリスンティウス！（と1発殴る）

やはりセリ「ス」ンティウスに動揺する上級生。香奈だけが満足げに見ている。
抱擁するメロスとセリヌンティウス。

メロス・セリヌンティウス　竹馬《たけうま》の友よ！

「たけうま」と聞いてずっこける上級生たち。そこへ王（光）登場。

王（光）　フハハハハハハ。我が名は暴君ティラミスだ！
（「ティラミス？」と反応する上級生）……お前らの望みはかなったぞ。おまえらは、わしの心に勝ったのだ。どうか、わしも仲間に入れてはくれまいか。

木葉、ハッとして道具箱から赤い布を取り出す。

警吏１　王ティラミスが仲間を見つけられたぞ。
警吏２　王ティラミスの悲願が、達成されたぞ！
全員　ばんざい！　ばんざい！　ばんざい！

木葉、おずおずと赤いマントをメロスに捧げようと歩み寄ろうとしたところで、部長がさえぎる。

香奈　カ〜〜〜ット!!　すばらしい。すばらしいわ。これこそ、サキ中演劇部で演じられるべき「正しい」友情の物語よ。「たけうま」じゃなくて「ちくば」の友だけどね！それでもすばらしいわ！　今年はもう1年生をキャストにしちゃいましょう！　決定!!

2・3年生、大騒ぎ。
掃除を終えた風子・有紗・奏、登場。

風子　倉庫の掃除、終わりまし……どうしたんですか？
千夏　風子ちゃんたち……。

亮汰　部長が1年生キャストにするって言いだしたんだよ！
風子　え？　今回は2・3年の先輩方がキャスト★の予定じゃないんですか？
亮汰　★おれらをキャストにするって言ったくせに！
香奈　だって1年生の方がしっかりやってくれるんだもの。
透　……いや、おれらはおれらなりに頑張ってんだけど。
亮汰　そうだそうだ！
香奈　はぁ!?　あんたこんなふざけた台本書いといてよく頑張ってるとか言えるわね！
亮汰　なんだと！　面白くなっただろ、みんな笑ってたじゃん！
香奈　それで賞とれると思ってんの!?　笑いものにされて終わりでしょ！　台本の基礎の基もできてない！　書くんだったら一からやり直して！
彩　……えっと、台本は良かったと思います！　ねえ？
椿　うん……、私たちがきちんと演じられなかっただけで……。
花菜　亮汰先輩の台本面白かったよね……？
陽菜　うん、やってて面白かったよね……。
碧　ふつうに、楽しかったよ。

部員たち、それぞれに亮汰をかばう。

香奈　何よ、あんたたちまで／
亮汰　／部長、いい加減にしろよ！　部長の言う通りにしてたら楽しくないんだよ！　皆部活来たくなくなるだろ！

香奈　何よ、その言い方！　私は皆のためを思って……。

赤い布を抱きしめた木葉、意を決して語りだす。

木葉　……最後の５行。

香奈　え。

木葉　まだ1度もやってないよね、「走れメロス」の最後の５行。

香奈　どういうこと？

木葉　香奈、覚えてる？　去年、轟先生が国語の授業で言ってたこと。『走れメロス』は、メロスとセリヌンティウスの単なる友情物語なんかじゃない。世の中にはメロスみたいな人が多い。みんな、正しいことをしたと思いこんで、英雄気取りになってるけど、そのほとんどは恥じらいを知らない。

香奈　そんなこと言ってたっけ。

千夏　先輩、詳しく聞きたいです。

木葉　うん。えらそうにふるまって周りの人を従わせたり、「絶対にこれが正しい」って思いこむ人が増えると、いつの間にか大きな流れができてしまう。私たちはいつもその流れに飲み込まれてしまわないように危機感をもっていないといけない、って轟先生は言ってた。メロスは自分がした行いをちっとも恥ずかしいとは思っていない、その点でメロスは、ある意味「真っ裸」なのだ、と。だから太宰治は最後にメロスをハッとさせるの。「勇者はひどく赤面した。」……今の香奈も、たぶん……。

香奈　私が真っ裸……？

透　あー……わかった。部長。あんたもおんなじだよ。

香奈　どういうこと？

透　自分を美化して、自分が「正しい」と思い込み、その自分をちっとも恥じることなく、人に正義を押し付ける。そのメロスは、おれじゃなくて、部長だってこと。「ちゃんとした」演劇とか、「正しい」友情ってなんだよ。「正しい」だけじゃみんな窮屈だろ。……ていうかさ、部長になってからお前、背負いすぎなんだよ。

木葉　もっと楽にやろうよ。ほら、肩の力を抜いて……。

香奈　そうよね。先輩たちに比べて私じゃ頼りなかったわよね。わかった。

透　（優しく）そうじゃなくてさ、おれら／（にもその荷物を半分……）

香奈　／わかった。失格なのはみんなじゃなくて私だった。部長失格。そうよね。いらないわよね。こんな部長。私なんて最低ってことよね。みんなで楽しく部活やってればいいわ。

香奈、走り去る。それに反応するみんな。

透　いや、大丈夫。あいつの行くとこはわかってるから。あとでみんなで迎えにいこ。

碧　こんな大事な時に顧問がいないなんて。

いつもモジモジしている奏、ゆっくりと語り始める。

奏　……こないだ、帰りの会で轟先生が言ってたんです。
碧　ああ、轟、かなでの担任か。
奏　みんなも、メロスだな、って。
有紗　みんなも、メロス？？
奏　正義感をもってて、でもそれが正しいと思い込む若さをもち、だけどときには自信をなくしたり、人を傷つけたりしてしまう。
風子　いいところも、悪いところもあるっていうことかぁ。
千夏　なるほどね。
木葉　みんな、ちょっとずつメロス、なんだね。
花菜　サキ中演劇部は。
陽菜　みんなメロス！
透　……この部室にいる、みんな。
彩　っていうことは、胡桃もだね！
椿　うん！　胡桃、早く治るといいね！
亮汰　……みんな、ちょっといいか。
透　なに？
亮汰　……実は、準備室に胡桃がいるんだ。
全員　え。・なんで・帰ったんじゃないの・など反応。

第六場　胡桃

亮汰　おいで。胡桃。

胡桃を陰から引っ張り出す亮汰。

透　胡桃……。
胡桃　……すみません。
亮汰　胡桃、本当は今日はここにいたんだ。……おれがいろって言った。
木葉　どういうこと？
亮汰　話していいか？
胡桃　……はい。
亮汰　胡桃、去年の大会で、1年生で1人だけ大きい役、ついただろ。
透　あの時のキャストは……3年生が5人で、2年生がおれと亮汰と木葉、1年は胡桃だけだったんだよな。
木葉　それに確かあのオーディションで、胡桃はあの役希望してなかったよね。
胡桃　……はい。
千夏　1年生で大抜擢されて、すごかったよね。
碧　すげーシリアスで難しい脚本だったしな。
亮汰　最初は胡桃だって喜んでた。でも、オーディションで名前呼ばれるその瞬間ってうれしいけど、稽古が始まると、どんどんプレッシャー感じるじゃん。演劇部員だったらみんなわかるだろ？

2・3年生は皆うなずく。

亮汰　あの役、部長も……香奈も、狙ってたしな。……実は大会の後にさ、胡桃、おれらの1個上の先輩たちが話してるの聞いちゃったみたいなんだ。
椿　先輩、なんて言ってたの？
胡桃　……えっと……県大会、いきたかったねって。……しょうがないよ、胡桃もいたんだから、って……。
木葉　そんな……本当に先輩たちがそんなこと言ったの？
亮汰　事実がどうであれ、プレッシャーでいっぱいだった胡桃の耳には、そう聞こえちゃったんだよ。
透　で、大会のキャスティングされるのが怖くなったってわけか。
亮汰　ってこと。
碧　本番後にそれは、つらかっただろうなぁ。
亮汰　帰り道一緒だから胡桃に相談されてさ、おれ。だから、胡桃にもう1回、演劇ってこんなに楽しいんだよって、わかってほしくてさ。
彩　確かに、胡桃、3送会の劇では、コメディ楽しそうにやってました！
椿　そうそう。こないだの部内発表会でも、お笑いの劇、うまかったー！
木葉　それで、コメディ。
亮汰　うん。コメディなら、こいつもできるんじゃないかと思ったんだ。
透　ついでに、最近ちょっとやな雰囲気になってる部活も明るくなるしな。
亮汰　だよ、な。コメディのほうがみんなも楽しいだろ？
木葉　楽しかったよ。案外香奈だって楽しんでたと思う。
碧　それ、部長に言ってあげれば？／
千夏　／私たち2年生も。ね？
彩　うん。コメディも、通し稽古も。
椿　毎週水曜日が、楽しみだよね。
花菜・陽菜　部活、大好き！

みんな。それぞれうなずく。

透　それ、直接部長に言わない？
碧　だからぁ、さっきからおれがそう言ってたよね？
亮汰　碧、いたんだ。
碧　ずっといるじゃん！
透　走るぞ！（といきなり、駆け出す、去る）
亮汰　ちょっと、メロス、まてよ！（と駆け出す）

みんな、それぞれ何か言いながら上履き公園へ向かって駆け出す、去る。
胡桃、1人で部室に残ろうとする。
彩・椿、戻って来て、顔を見合わせ、胡桃に声をかける。

椿　あのさ、胡桃、胡桃！
胡桃　え？
彩　その……胡桃が悩んでたこと……気づかなくてごめんね……。

椿　うん……、本当は亮汰先輩じゃなくて、私たちが1番最初に知ってなきゃいけなかったのに。
胡桃　椿……彩……。
彩　だってずっと一緒にいたんだから。
椿　親友なんだから！
胡桃　……私、2人には迷惑かけられないと思って……。
椿　迷惑なんて思ってないよ。
彩　親友、でしょ。
胡桃　……うん……、うん……。ふたりとも、ありがとう……。

そこに千夏・花菜・陽菜も戻ってくる。

千夏　やっぱりいた。
花菜　気になって戻ってきた。
千夏　私たち、思い出したんだ。
花菜　去年の大会のとき、3人で帰ってる途中、うちら、2個上の先輩たちに会ったんだ。
陽菜　そうそう。その時、先輩たちが言ってたの。
千夏　今年の大会、県、行きたかったけど、しかたない、1年生の胡桃にあんな大役をさせてしまったから、って。大抜擢された胡桃をウチら先輩たちがフォローしきれなくて、悔しかったたって。
胡桃　え。
花菜　うん。先輩たちはそう言ってたの。
陽菜　胡桃が聞いちゃった話には続きがあったんだよ。
千夏　2、3年生だけでキャスト固めちゃったら、次が育たないから……、賞を取るのも大事だけど、後輩を育てることはもっと大事だから、って。
胡桃　いや。でも。だって……うちは……ホントに苦しかった。みんなみたいに演劇が好きで入ったってわけでもなかったし……香奈先輩がやりたかった役になっちゃって、なんでうちみたいな半端なやつが選ばれちゃったんだろう、って思うと、全然演じるのも楽しくなくって。部室にいるのもつらくって、うまく笑えなくて……。
千夏　ごめんね。胡桃がつらかったのに、ずっと気がつかなくて。私たち2年生は、ここにいる6人なのに。
胡桃　……うちこそごめん。言えなかった。こんなに情けない自分をみんなに見せたくなかった。でもそのせいで、先輩にもみんなにも、ずっと心配かけてきちゃった……。……今もうちは、みんなほど部活が好きかはわかんない……けど……でも……。
椿　大丈夫だから。
彩　行こ。6人で。

微笑み合う2年生6人。やがて走り去る。

第七場　上履き公園にて

夕暮れ時の上履き公園。ぽつんとベンチがひとつ。そこへ香奈がしょんぼりと座る。

香奈　部長、失格。なんであたしみたいな半端なやつが、部長なんかやってんのよ。

透・木葉・亮汰・碧、香奈に向かって走ってくる。遅れて後輩たちも登場。３年生を囲んで立つ。

透　やっぱ、ここにいたか。
亮汰　落ち込んだ時の上履き公園ってか。
香奈　なによ、みんなそろって。私を笑いに来たの？
木葉　そんなわけ、ないじゃない。
香奈　でも私、みんなにきつく当たって。
透　おれも悪かったよ。副部長なのに部長が大変なの、全然気がつかなくって。
亮汰　ほんとにみんな、いるんだ。胡桃もね。
香奈　え。帰ったんじゃないの？
胡桃　すみません、部長。……ほんとは私、こわかったんです。去年の夏大で私のせいで……。もう、役とか付いちゃいけないって思ったんです。それにあの役は、本当は香奈先輩がやりたかった役で……。
亮汰　だから、胡桃の好きなコメディにしてやれば、人前で演技するの、怖くなくなるかなって思って、さ。
透　おれとしてはついでに部長さんの気持ちも楽にしたかったしな。
香奈　……胡桃。
胡桃　はい……。
香奈　確かに去年の夏、胡桃にあの役が決まった時、正直悔しかった。なんであたしじゃなくて胡桃なんだろう？って思った。でもね、
透　あのあと、香奈、めちゃくちゃがんばったもんな。
木葉　誰よりも早く部室に行って、資料整理したり片づけといてくれたり。
香奈　気づいてたの？
亮汰　あ、それおれも知ってた。
碧　文化祭のときまでには、苦手なハ行も言えるようになってたしな。
香奈　いまだにサ行が苦手な碧に言われたくないかも。(笑)……胡桃。握手。
胡桃　え？（と言いながら、戸惑う胡桃）
千夏　どういう握手ですか？

握手する香奈と胡桃。それを見守るみんな。

香奈　胡桃は私だから。
胡桃　……。
香奈　……私も、「部長」に選ばれて半年以上やってきて、ちっとも自信がもててなかったのよ。
亮汰　そうは見えなかったけど？
香奈　そう見えないようにがんばってたもん。去年の大会にも選ばれなかったあたしが部長なんて。
透　部長やってる自分が１番自分を認めてなかったってことだな。

香奈　そうかも。
麻里　私、去年の文化祭の部長の演技みて、すごいなともって、入部したんです。
明日奈　私は、新歓の部活紹介で、部長のはきはきした説明がかっこよくて、入ったんです。
光　僕は仮入部で、先輩のみなさんが優しくしてくださったから安心して入れたんです。
風子　私、この部活と照明が、好きです。
有紗　私も、演劇部と音響が、好きです。
奏　段ボール、ライクです。
花菜・陽菜　私たちみんな、サキ中演劇部が大好きです！
胡桃　……大好き、です……。

香奈、うれしそうに笑う。みんな、ホッとする。

香奈　でも私は、正義を振りかざす裸の「メロス」だから／
透　みんな。……みんな、メロス、なんだってさ。
亮汰　おれらみんな、ちょっとずつメロス。
香奈　どういう意味？
木葉　話すと長くなっちゃうかなぁ。

第八場　「ついに今日か」

轟、部室に登場。が、誰もいない。

轟　ヘイ、エブリワン！　そろそろ解散のmeeting!……ノーワン……。

携帯の着信音。電話に出る轟。

轟　しおりか？　なんだまだ何か……あっお母さんでしたか。失礼しました……やっぱり彼ら、えっ？　はい……、はい……。（話を聞いてだんだんうれしそうに）ありがとうございます！　大丈夫です。彼らはもう自分たちで……はい。……はい、そうさせていただきます。よろしくお願いいたします。

見えない相手に向かって礼をする轟。去る。

第九場　みんな、ちょっとメロス

香奈　意味わかんない。
千夏　一言でいうといいところも悪いところもある私たちみんなのことです。
碧　みんなメロスでみんないい、ってか？
3年生　は？

轟、早淵川に登場。

轟　ヘイ、エブリワン！　ここにいたのか。

透　先生、もしかしたら知ってたんじゃないんですか。
轟　What?
亮汰　部活のごたごたを？　まさか！
香奈　そうよ。
木葉　でももしかしたら……。
轟　ノープロブレム！　結局、みんなが、頭の中にある自分自身の言葉で、自分の気持ちを自分で説明して、finishできたんだろ？　It's OK。The Endだ！
麻里　ところで、轟先生。
光　なんでいっつも英語なんですか。
麻里・光・明日香　教えてください！
轟　イッツ　ア　シークレット／
木葉　／カモフラージュ。
香奈　ごまかしてるのよ。
透　先生。おれら知ってますよ。
轟　ホワット?!
碧　なになに？　おれ知らないんだけど。
木葉　そろそろ普通の先生に戻りましょう。
轟　アイム　ア　ノーマル　ティーチャー……。
千夏　カモフラージュ？
亮汰　大学時代に演劇サークルで大失敗してから、普段は、英語でごまかさないとしゃべれなくなっちゃった、っていううわさ／
轟　／（ややあわてて）そろそろ部室にゴー・バ〜ック。
碧　帰ってメロスの続き、やろう！
花菜・陽菜　メロスメロスメロスー！
透　（いろんな人を指さしながら）メロス。メロス。メロス。メロス。……。
香奈　ちょっと。メロスはあんたよ、透！
透　部室まで走るぞ！
全員　ちょっと、メロス！

♪M「メロス」
走り出すメロス。走り出す部員。夕暮れの中、幕が下りる。

――幕――

10years ～希望の桜～

仲間 創

登場人物

佐藤菜見子
佐藤悦子　菜見子の母
一条小百合　院長
三角涼子　看護師長
相沢夕見子　見習看護師
御手洗　役所職員
一条はな　院長の祖母
亀田たか子　院長祖母の旧友
木下　院長担当の看護師
小田麻里　救急担当主任
川谷　救急患者
救急隊員A
救急隊員B
現代人A
現代人B
現代人C
現代人D

プロローグ『現代社会』

音響、ＣＩ。
緞帳アップ。
舞台全体に照明が入る。
この景は抽象世界の設定であるが、舞台は第１景の状態になっている。
舞台上に、現代人Ａ・Ｂ・Ｃ・Ｄと菜見子が点在して立っている。
いずれも携帯電話に没頭している。
この状態がしばらく続き、音楽だけが流れ続ける。
観客がざわめき始めるくらいの長時間、変化がない。
音響大きくなるが、菜見子・現代人たちは相変わらず携帯電話に集中している。
照明消える。
音響、ＣＯ。

第１景『病院の中庭』

精神神経科病院の中庭。
舞台上手はテラスになっていてテーブルやベンチが配置されている。
下手奥に桜の木があるが、現在は幹だけで花は咲いていない。
下手前には長ベンチが設置されている。
そのベンチで菜見子は携帯電話に没頭している。
その他の場所にもベンチは点在している。

舞台全体に照明が入る。

上手から菜見子の母の興奮した声が聞こえる。
院長に詰め寄りながら、菜見子の母が登場する。看護師長も続く。見習看護師も更にそのあとに登場する。

菜見子母　私が悪いことはわかっているんです。全て私のせいなんです。先生、それでも私は菜見子の母親です。
看護師長　佐藤さん、落ち着いてください。
菜見子母　失礼なことを言わないでください。私は冷静です。ちゃんと責任は私にあるといっているじゃないですか。
看護師長　そういうことではなくて、ここは病院ですから、もう少し静かにお話をしていただければと……。
院長　看護師長、まあまあ。
看護師長　院長、失礼しました。私まで興奮してしまいました。
院長　気になさらずに。（菜見子母に向かって）佐藤さん、そんな風に自分を責めても菜見子さんは良くなりませんよ。

菜見子母　でも、もう何年もこうやって毎日、毎日、菜見子に話しかけても何も返してはくれません。これがこの先何年も続くと考えると私は、私はどうしていいのか。

院長　確かに、菜見子さんの状態は私たちの力では何もできていないのが実情です。でもだからと言って、お母さんが自分を責めて何かいいことが生まれますか。

菜見子母　わかっています。わかっていますけど、あの娘の姿をみていると、私の育て方がいけなかったとしか思えないのです。私が携帯電話でテレビばかり観させていたばかりに菜見子はあんなふうになってしまって……。

院長　そのことは、菜見子さんの入院の時に伺いました。

見習看護師は、おやつをとりに行く。

院長　（話の続き）お母さんが、菜見子さんに過剰にワンセグ利用をしてテレビを視聴させたのは事実です。そしてそれが今の菜見子さんの症状の一因である可能性も否定できません。でも、それはお母さんが菜見子さんを育てるうえで悪意を持ってしたことですか。

菜見子母　まさか、私は菜見子を育てるのに必死でした。私ひとりで菜見子を立派に育てなければと一生懸命働きました。

院長　そうですか。ならいいじゃないですか。何もご自分を責めることはないじゃないですか。

菜見子母　そうは、言われても、結果がこういうことでは……。

見習看護師が、おやつを持ってくる。

見習看護師　看護師長、おやつの準備ができました。

看護師長　ありがとう。どう、今日は相沢さんが、一緒に食べてあげたら。あなたの方は歳も近いし、会話も弾むんじゃない。

見習看護師　会話が弾むですか。

看護師長　そう、よろしくね。

見習看護師　わかりました。

見習看護師は、菜見子のおやつを差し出す。

見習看護師　菜見子さん。佐藤菜見子さん、おやつです。食べませんか。私と一緒に食べませんか。

菜見子は、携帯電話から眼を離さない。
見習看護師は、困惑して看護師長をみる。

看護師長　どうしましたか？

見習看護師　どうしたらいいかと。

看護師長　どうしたいですか？

見習看護師　わかりません。どうしていいか。

院長　（見習看護師に）相沢さん、ここの病院の患者さんたちに1番必要なことは何だと思いますか？

見習看護師　よくわかりませんが、私はいつも優しく寄り添うことを心がけるようになりました。

院長　ここの病院に来て、もう5年。よく気がついてくれましたね。そしてその通りにあなたは患者さんに接してくれています。今日も、明日も、これからもずっとその気持ちは忘れないでください。

見習看護師　院長先生、私の答えはあっているのですか。

院長　もちろんです。正しく言えば、正解はいくつかある。あなたの答えはその中のひとつですから正解です。

見習看護師　それ以外の正解というのは……。

看護師長　それは、これからあなたが見つけていくの。

院長　今日は、夕見子さんに菜見子さんの担当をしてもらうこと、私も賛成です。

看護師長　はい、ありがとうございます。（見習看護師に向かって頷く）。

見習看護師　わかりました。（菜見子に向かって）菜見子さん、携帯をやめて、ちょっと私とお話ししませんか？

　菜見子は、見習看護師の呼びかけを無視して、おやつを食べながら携帯に没頭する。

見習看護師　菜見子さん……。

　菜見子は反応しない。
　見習看護師は困惑して、看護師長を見る。

看護師長　いいでしょう。メール対応に切り替えましょう。

見習看護師　はい。

　見習看護師は、メールで菜見子と会話をする。

菜見子母　呼んでも、話しても、何も反応しない。会話も携帯のメールを通じてしか成り立たない。他人ならまだしも、私たちは親子ですよ。院長先生、親としてやりきれないのです。

院長　お気持ちはわかります。でも菜見子さんは、お母さんに心を閉ざしているわけではありません。この病院には心を閉ざしてしまった患者さんも多くいらっしゃいます。

菜見子母　先生にとっては、そういう方も菜見子も同じ患者なのでしょうけど、私には菜見子が全てなんです。菜見子と話がしたいんです。一緒にご飯を食べて、一緒にテレビをみて、笑ったり、泣いたりしたいんです。（興奮気味に）それだけなんです。それだけなのに……。

看護師長　お母さん。

菜見子母　すみません。すこし頭を冷やしてきます。

看護師長　話し相手がいる方がいいでしょう。（見習看護師に）相沢さん、菜見子さんのお母さんと一緒に少し散歩をしてきてもらえますか。

菜見子母　そんな、お仕事があるのに申し訳ないです。私はひとりで大丈夫です。

院長　いえ、別にお母さんのためではないんです。気になさらないでください。夕見子さん、よろしくお願いします。
見習看護師　はい、わかりました。
看護師長　片づけは私がしておきますから、ゆっくりしていらっしゃい。
見習看護師　はい。（菜見子母に）よろしくお願いします。
菜見子母　こちらこそ、何かご迷惑をかけてしまって。

菜見子母・見習看護師は退場。

急患を知らせるブザー音。
救急担当の看護師登場。

救急担当　失礼します。救命救急担当の小田真理です。院長、急患が来ます。

救急隊員Aが登場。続いて急患（川谷）登場。

救急隊員A　お世話になります。患者さんのお名前は川谷さん。犬の散歩中に棒に当たったそうです。
院長　わかりました。引き受けます。
救急隊員A　ありがとうございます。

救急隊員Aは退場。

院長　（救急担当に）処置室で湿布をして、帰宅してもらいましょう。
救急担当　わかりました。

救急担当は退場。川谷も続いて退場。
介護担当が駆け込んでくる。

介護担当　看護師長、すみません。はな先生を見かけませんでしたか？
院長　おばあちゃんがどうしたの？
介護担当　お部屋で本を読まれていたんですが、突然「桜が咲きだす」とおっしゃって、お引止めしたんですが、力が強くて抑えきれず。
看護師長　それで見当たらないの？　はな先生はご高齢なんだから、しっかり見ていなきゃダメじゃないですか。
介護担当　すみません。本当にすみません。私、探してきます。
院長　看護師長、そんなにきつく叱らないでください。悪いのはおばあちゃんなんですから。
看護師長　しかし、はな先生に何かあったら、大変ですから。（介護担当に）木下さん、早くはな先生を探して。
介護担当　はい、（立ち去ろうとする）
院長　（介護担当を呼び止めて）木下さん、大丈夫。しばらくそこで待っていてくれれば、やがておばあちゃんはやってくるわ。
看護師長　しかし……。

院長祖母（はな先生）登場。

院長　ほら、ね、大丈夫。
介護担当　（院長祖母に）はな先生、心配しましたよ。お怪我はないですか。
院長祖母　怪我？　怪我なんてないわよ。私は桜が咲いたかを見に来ただけなんだから。どう？　桜はきれいに咲いたかしら？
院長　おばあちゃん、ダメでしょ、勝手に出歩いちゃ。
院長祖母　小百合、何怒っているんだい。私はね、桜が咲いたかを見に来ただけなんだけど。
院長　まだまだだよ。桜が咲くにはもう少し暖かくならないと。今日は何日だと思っているのよ。
院長祖母　今日は、今日は……。ちょっと度忘れしてしまったわ。
院長　今日は、３月10日。桜の花はもう少し先ね。
院長祖母　そうかい、まだ桜は咲かないか。
院長　だから、またお部屋に戻って頂戴。ここには患者さんたちがいらっしゃるから。
院長祖母　そうだね。わかったわ。

院長祖母は部屋と別の方向へ行こうとする。

院長　おばあちゃん、どこ行くの。部屋はこっちでしょ。
院長祖母　いや、私は桜の花が咲いたかを見に行くの。
院長　だから、
看護師長　（話しを遮り）院長先生、（介護担当に）木下さん、はな先生を。
介護担当　はい、（院長祖母）はな先生、桜を見に行きましょう。

院長祖母・介護担当が退場する。

院長　（看護師長に）ごめんなさい。気を遣わせてしまって。
看護師長　いえ、私こそ、出過ぎたことを。
院長　そんなことないわ。私が感情的になってしまったから。
看護師長　この病院をおひとりで立ち上げて、ここまで大きくしたはな先生があのようになるとは私もなかなか受けとめられないですから。
院長　いや、私は医師ですから、おばあちゃんの状況はわかっています。でもね、頭では分かっているんだけど、気持ちの方がね。
看護師長　当然ですよ、院長は、お母様が早くに亡くなられて、はな先生が病院を経営しながら育てられたのですから。
院長　あなたにそう言ってもらうと少し気が楽になるわ。

菜見子母・見習看護師が戻ってくる。役所職員も一緒に登場。

看護師長　おかえりなさい。(見習看護師に)どうでしたか。菜見子さんのお母さんとお話しできましたか？

見習看護師　(不機嫌に)はい、仕事に戻ります。

看護師長　そうですね。そうしてください。

見習看護師は、仕事に戻る。

看護師長　佐藤さん、何か失礼なことはありませんでしたか。

菜見子母　いえ、ただ最初は、いろいろと私に気をつかってくれて、話をしてくれたんですけど、急に黙り込んでしまって。

看護師長　そうでしたか。

菜見子母　何か私がいけないことを言ってしまったのかしら。

役所職員が話に加わる。

役所職員　それは、私が現れたせいです。あなたに原因はありません。

菜見子母　はぁ。

院長　そうですね。佐藤さん、気になさらないでください。確かにこちらの言うとおりです。

看護師長　佐藤さん、落ち着かれたのでしたら、今日のエクササイズを始めようと思うんですが、いいですか。

菜見子母　はい、わかりました。お願いします。すみません。予定より遅くなってしまって。

看護師長　大丈夫ですよ。では菜見子さんのところへ行きましょう。

看護師長と菜見子母は、菜見子のそばへ移動する。

役所職員　すみません。ここへ来る途中で、夕見子さんに偶然出会ったもので、無視するのも不自然かなとおもったもので。

院長　そうでしたか。

役所職員　その後、話は進みましたか？

院長　いや、何も。

役所職員　そうですか。以前にもお話ししたとおり、夕見子さんのご両親が亡くなられてから5年が経過しています。夕見子さんがこれからどうするかを決めなければなりません。

院長　そのことは、私も夕見子さんも十分わかっています。

役所職員　ならば、そろそろなんとか。

院長　そうですが、夕見子さんの心の中ではお母さんはまだ亡くなっていないのだと思います。実際、お母さんは確認されていないわけですし。

役所職員　それはそうですが。

院長　別に、私はごねようと思っているわけではないんですよ。ただ、私は精神科の医師ですから、夕見子さんが自分のことを自分で決めるまで待ってあげたいと思うんです。

役所職員　それは、私もひとりの人間としては理解できないことではありません。でも物事にはいろいろ決まりがありまして。

院長　わかっていますよ。でもね。まあもう少し待ってあげてくださいよ。夕見子さんも考え悩んでいるんだと思います。何かきっかけがあれば結論は意外とすぐにでると思いますから。

急患を知らせるブザー音。

院長　申し訳ない。急患のようです。

役所職員　わかりました。ちょっと別の対応をしてきます。院長先生、期限が迫っています。相沢さんの意思表示がなければ、私たちは決まりに従って対応しなければなりません。私個人としてはそれは避けたいと考えています。

院長　あなたのお気持ちはわかっていますし、とても感謝しています。私もそのご厚意に応えたいと思います。

役所職員　よろしくお願いします。では私は後ほど。失礼します。

役所職員は退場。
救急担当の看護師登場。

救急担当　失礼します。救命救急担当の小田真理です。院長、急患が来ます。

救急隊員Bが登場。続いて急患（川谷）登場。

救急隊員B　お世話になります。患者さんのお名前は川谷さん。まったく原因は不明ですが、自宅で自分の人生を考えていたら突然、開いた口がふさがらなくなったようです。

院長　開いた口がふさがらない。わかりました。引き受けます。

救急隊員B　ありがとうございます。

救急隊員Bは退場。

院長　（救急担当に）処置室で口を固定して、帰宅してもらいましょう。

救急担当　わかりました。（川谷に）川谷さん、ではあちらの部屋で処置をします。

救急担当は退場。川谷も続いて退場。
菜見子のところでエクササイズをしていた菜見子の母が泣き叫ぶ。

菜見子母　やっぱり無理です。私には耐えられません。

院長　佐藤さん、どうされましたか？

菜見子母　私が、私がすべて悪いんです。だから、もう私は母親失格なんです。

看護師長　相沢さん、どうしたんですか？

見習看護師　いつも通り、携帯電話を使って菜見子さんとコミュニケーションエクササイズをしていたのですが、佐藤さんが突然、泣きだされて……。

菜見子母　だって、だって。

看護師長　（菜見子母に）だってなんですか？

菜見子母　菜見子が、自分がこんなになったのは、私のせいだと……。

看護師長　菜見子さんが、そう言ったのですか。

菜見子母　そうです。（携帯電話を見せて）みてください。菜見子は私のことを恨んでいるんです。そんな菜見子に私はどうやって謝ればいいんですか？

看護師長　（携帯電話を院長に見せて）院長、いかがですか？

院長　（菜見子母に）菜見子さんが、これをお母さんに送ってきたのですか？

菜見子母　はい、これではっきりしました。菜見子は私を恨んでいるんです。私は母親失格です。

院長　お母さん、違いますよ。

菜見子母　違う？

院長　そうです。菜見子さんはお母さんのことをそんな風には思っていません。

菜見子母　だって、（携帯電話をさして）菜見子は、はっきりとそう書いているじゃありませんか。

院長　そうですね。確かにそう書きこんでいますね。

菜見子母　一生懸命に育てて来たんです。主人が亡くなって、小さな菜見子をひとりで必死に育てて来たんです。昼も夜も懸命に働いて、菜見子が泣くと仕事が止まるので、携帯のワンセグを見せていただけなのに……。

看護師長　お母さん、そうですよ。お母さんは何も悪くないですよ。

菜見子母　でも、菜見子は気がついたら、言葉を話さない子になってしまって、私との会話も携帯でしかできなくて。

院長　確かに、菜見子さんは言葉による感情表現ができません。それどころか言葉を発することもできません。

菜見子母　それは、全て私のせいです。菜見子が私を恨むのは当然です。

院長　いいじゃないですか。

看護師長　院長。

院長　（菜見子母に）佐藤さん、菜見子さんはお母さんを恨んでいる。もしそれが本当にそうであっても、いいじゃないですか。菜見子さんには、感情があるんですよ。しっかり生きているんです。ちゃんと考えているんです。そう思いませんか？

菜見子母　そういわれても、私には、私には辛すぎます。

院長　そうですね。でももう少し、もう少し待ちましょう。今は時間が大切です。菜見子さんはきっと治りますよ。

菜見子母　私には、そうは思えなくて……。

院長　はい、構いません。そう思えなくてもいいです。でも、お母さん、もう少し待ってみましょう。

菜見子母　院長先生、私はいつまで待てばいいのですか？

院長　そうですねぇ。あの桜の木、（桜の木を指さす）あの桜は、私の祖母がこの病院を始めた時に植えたものです。毎年、満開の花が咲きます。あの桜が満開になるまで、それまで待ってみませんか？

菜見子母　（桜の木を見上げているうちに）わかりました。もう少し頑張ってみます。

看護師長　（菜見子母に）少し休みましょう。（見習看護師に携帯電話を渡し）相沢さん、これをお願いします。

見習看護師　わかりました。

菜見子母と看護師長はベンチに向かう。
見習看護師は、携帯電話を片づけようとするが、院長に呼び止められる。

院長　相沢さん。

見習看護師　はい。

院長　（携帯電話を指さし）菜見子さんのメッセージを、読んでみてください。

見習看護師　私がですか？

院長　そうです。

見習看護師は、携帯電話をスクロールしながら目を通す。

院長　どう思いますか？

見習看護師　……。

院長　看護師としてではなく、あなたの気持ちを聞きたいのですが。

見習看護師　私の気持ち？

院長　そうです。

見習看護師　（少し考えて）わかりません。何とも説明ができません。

院長　そうですか。わかりました。変なことを聞いてすみませんでした。

見習看護師　失礼します。

見習看護師は、携帯電話を片づけるために立ち去ろうとする。しかし、ふと立ち止まり、院長を見る。

見習看護師　院長先生。

院長　何ですか？

見習看護師　すみません。嘘をつきました。

院長　嘘？

見習看護師　私、菜見子さんに腹を立てています。心の底から怒っています。そして泣きそうです。

院長　泣いてもいいですよ。あなたはいつでも泣いていいんですよ。

見習看護師　でも、涙はでてきません。菜見子さんへの言葉もでてきません。

院長　そうですか。わかりました。嫌な思いをさせてしまいましたね。ごめんなさい。

役所職員が登場する。

役所職員　（見習看護師に）失礼します。そろそろ時間です。
相沢さん、どうしますか？
見習看護師　（無視して、院長に）仕事に戻ります。
役所職員　ちょっと、相沢さん。待って。

見習看護師は、無視して立ち去る。

役所職員　（院長に）仕方ないですね。私としても不本意ですが、規則にのっとった手続きに入らせていただきます。
院長　まあ、待ってください。もう少しです。あと少し時間を相沢さんにあげてください。
役所職員　そういわれましても、規則を曲げるわけには……。
院長　わかっていますよ。そんなに無理なことをいいません。あと少し、あの桜の木に花が咲くまで、あと少し。お願いします。この通りです。（院長は頭を下げる）
役所職員　そんなには待てません。期限がありますから。
院長　たまたま震災救援の医師として被災地に派遣された私が、何もかもなくなって街に立ち尽くして、携帯を握りしめている相沢さんを見つけた。ただの偶然なのでしょうが、両親からの返信をまっている相沢さんのことが、どうにも気になって声をかけたんです。
役所職員　その話は何度も伺いました。若くしてご両親を亡くされた院長には、偶然では片づけられないものを感じられたのもわかります。
院長　相沢さんには時間が必要なんです。どうかお願いします。
役所職員　このまま帰ります。立場がありますから、申し上げにくいですが、私も院長が考えている形が、相沢さんにはいいと思っています。だからこそ、何とか彼女の気持ちを……。
院長　ありがとうございます。

役所職員は退場する。
入れ替わりに院長祖母と介護担当が登場する。

院長祖母　みなさんこんにちは。今日はいい陽気ですね。
看護師長　はな先生、こんにちは。
院長　おばあちゃんどうしたの？
院長祖母　いえね。桜の花が咲いたからね、それを見に来たのよ。
院長　また、さっき言ったでしょ。桜の花はまだ咲いていないのよ。
介護担当　私も何度も申し上げたのですが……。
院長　ごめんなさいね。迷惑かけて。
介護担当　いえ、迷惑だなんてことは。ただ……。
院長　ただ？
看護師長　木下さん、何か気になることでもあるの。
介護担当　いえ、あの。
院長　遠慮なく言ってください。
介護担当　何の根拠もないのですが、今日のはな先生はいつもと違うというか、本当に桜の花が咲くんじゃないかと。

看護師長　まさか、こんなに早く咲くわけないでしょ。

介護担当　もちろん、それはそうなんですけど。

急患を知らせるブザー音。

看護師長　あら、また急患だわ。木下さん、はな先生を。

介護担当　はい、（院長祖母に）はな先生、こちらで少し休憩をしませんか。

院長祖母　はい、わかりました。

院長祖母と介護担当は、ベンチに移動する。
救急担当の看護師登場。

救急担当　失礼します。院長、救命救急担当の小田麻里です。急患が来ます。

救急隊員Aが登場。続いて急患（川谷）登場。

救急隊員A　お世話になります。患者さんのお名前は川谷さん。まったく原因は不明ですが、仕事先の上司に注意を受けていたら、耳にタコとイカとサーモンができたそうです。

院長　耳にタコとイカとサーモンができた。わかりました。引き受けます。

救急隊員A　ありがとうございます。

救急隊員Aは退場。

院長　川谷さん、わかりました。入院して手術をしましょう。（救急担当に）すぐに対応してください。

救急担当　わかりました。（川谷に）川谷さん、こちらへどうぞ。

川谷は救急担当に強引に引っ張られながら退場。
入れ替わりに、院長祖母の旧友である亀田たか子が登場。

たか子　こんにちは。お邪魔します。こちらは一条はなさんの病院でよろしいでしょうか。（院長を見て）あっ、あなたははなさんの孫の小百合さんですね。目元がそっくり、一目でわかります。

看護師長　あの、失礼ですが、はな先生のお知り合いですか？

たか子　はい、失礼しました。（院長に向かって）私は亀田たか子と申します。大阪から参りました。

院長　そうですか。祖母とは、どういうお知り合いですか？

たか子　戦争の時に、一緒に看護師として兵隊さんたちの世話をしておりました。

看護師長　はな先生は、看護師をされていたんですか？

たか子　はい、私もはなさんも、怪我をした兵隊さんたちの手当てをしていました。いや手当なんて言えるようなものではなくて、まともな施設もなく、薬もない状態で……。私たちのできることは、苦しむ兵隊さんを励ますだけでした。

院長　その話は、祖母から聞いたことがあります。亡くなっていく兵隊さんたちに何もできなかった自分の無力さを何ともできなくて、その時代ではあり得ないような話だけれども、女性医師になろうと決意したということです。

たか子　そのようですね。わたしは、何のとりえもありませんから、戦争が終わって、結婚して、子育てして、今は隠居の身の上です。それに比べて、はなさんは本当にお医者さんになって、病院まで建てて。手紙をもらうたびに感心させられることばかりです。

見習看護師が、医療用携帯電話を持って登場する。

見習看護師　（慌てている）院長、すみません。これ、これを見てください。

院長は、携帯電話を受け取り、見る。

院長　これを、菜見子さんが？

見習看護師　はい、突然に。

院長　いや、突然ではありません。（看護師長に）菜見子さんのお母さんを呼んできてください。

看護師長　わかりました。すぐに。

看護師長は、呼びに行く。

院長　相沢さん、菜見子さんのメッセージをどう思いますか？

見習看護師　どうと言われても、私は、まだ見習で何もわかりません。

院長　いや、いや。看護師としてではなく、相沢さん、あなたに聞いているんです。

見習看護師　私に、（間）ですか？

看護師長が菜見子の母を連れてくる。

看護師長　院長、菜見子さんのお母さんをお連れしました。

院長　佐藤さん、これを読んでください。

菜見子母は、携帯電話を受け取り、読み始めるが、泣き出してしまう。

看護師長　佐藤さん、大丈夫ですか？

菜見子母　はい、すみません。菜見子が、私を嫌ったり、恨んだりしていることはわかっていましたから、でもこうやって文字にされると、ちょっと……。

院長　そうですね。確かにショックだとは思います。

菜見子母　やはり、私には菜見子の母親は務まらないということですね。一生懸命に働いて、何とか生活できるようにしてきたんですが、それでも私は母親らしいことは何もしてやれなかった。この言葉のとおりです。運動会にも、授業参観にも行ったことはありません。旅行も、買い物も、一緒になにもしたことはありません。第一、会話ですら、顔を見て話すのはほんのちょっとで。よくわかりました。菜見子の気持ちは。私は母親、失格です。

院長　そうでしょうか？　私は違うと思います。

菜見子母　そんな、こんなに菜見子は私への不満を書いているじゃないですか。

院長　そうですよ。菜見子さんは、今まで1度も開かなかった心の叫びを、あなたにぶつけたんですよ。お母さん、菜見子さんのお母さん、あなたにです。

菜見子母　どういうことですか？

院長　誰にも開かなかった心を、お母さんに開こうとしているということです。

菜見子母　でも、こんなに書かれていては、私はどうしていいか。

院長　そうですね。ちょっと待っていてください。

菜見子母　もちろんです。菜見子が変わるのならいくらでも待ちます。

院長　ありがとうございます。(見習看護師に) 相沢さん、このメッセージの対応は、あなたにお願いします。

見習看護師　えっ、どういうことですか？　私は見習です。何もできません。何もわかりません。

看護師長　院長、そうです。規則的にも、相沢さんに担当させることは問題があります。

院長　看護師としてではなく、私は相沢さんに対応をお願いしたいと思うのです。

看護師長　(意図を察して) わかりました。異論はありません。相沢さん。

見習看護師　でも、私は何をしたらいいか？

院長　何も、考える必要はありません。相沢さん、あなたが、あなたらしく対応してください。

看護師長　看護師の原点は、心で接することです。お願いします。

見習看護師　わかりました。

見習看護師は、菜見子のそばに寄り添う。

たか子　ひと段落したみたいですね。すみませんが、お水を一杯いただけないでしょうか。

看護師長　お水ですか？　ちょっと待っていてください。

院長　すみませんでした。お待たせをして、で、どうして祖母に会いに来られたのですか？

たか子　いえ、気まぐれです。年寄りの気まぐれです。

院長　そうですか、でも申し訳ないのですが、祖母は今、あなたとちゃんと応対できる状態ではありません。

たか子　それはうすうすわかっていました。しばらく手紙も来なくなりましたし、お互いの年を考えればどういうことになっているかぐらいは想像できます。

看護師長が、水を持ってくる。

看護師長　お水です。どうぞ。

たか子　ありがとうございます。ちょっと薬を飲む時間なのもで……。

たか子は、薬を取り出し、飲む。

院長　失礼ですが、その薬は？

たか子　さすがは、お医者さん、誤魔化しはできませんね。

院長　いや、そんなつもりは。

たか子　その通りです。私もそろそろお迎えが近いとお医者様に言われています。

院長　すみません。立ち入ったことを。

たか子　いえいえ、そんなことは全然。実は、私は臆病者だから、お医者さんからあと少しって言われたら、もう怖くて、怖くて……。こんなつらいのなら、自分からなんてことも考えてしまって……。そんな時に、何で思いついたか分からないのですが、はなさんのことを思い出して、相談の手紙を書かかせていただいたのです。そうしたら、（はがきを取り出して）これが届いて……。もう私、居てもたってもいられなくなって、お邪魔をしたというしだいです。

院長　（はがきを見て）祖母がこの葉書を。祖母らしいですね。

見習看護師が、院長のところに戻ってくる。

看護師見習　院長先生、すみません。私、わたし……。

院長　どうしました？

見習看護師　わたし、このままだと、菜見子さんに自分の感情をぶつけてしまいそうです。菜見子さんに酷いことを言ってしまいそうで、どうしたらいいでしょう。教えてください。

看護師長　どうしたの？　落ちついて、患者さんにはいつも冷静に接するのが当然でしょ。

院長　相沢さん、いいですよ。あなたの思っていることを、あなたの言葉で菜見子さんにぶつけてみて下さい。

看護師長　院長。そんな。

院長　看護師長、大丈夫ですよ。

看護師長　いや、しかし、そうはおっしゃっても。

院長　まあ、相沢さんにお願いしてみましょう。（見習看護師に）後のことは、私が何とでもします。あなたの気持ちを菜見子さんに語ってあげてください。

見習看護師　わかりました。

見習看護師は、菜見子のところに戻る。

院長　何度も、話が途中になってすみません。

たか子　いや、そんなことは構いません。

院長　どうされますか？　祖母にお会いになりますか？果たして、あなたのことを覚えているとは正直思えないのですが。

たか子　はなさんは、そんなに？

院長　はい、歳も歳ですし、病的な特徴も出ていますので、昔のことを断片的に覚えているのがやっとの状態です。でも私たちにはその記憶がどういうものなのかは、わからなくて……。

たか子　そうなんですね。

介護担当に付き添われて、院長祖母が登場する。

院長　おばあちゃん。

院長祖母　そろそろ､桜の花が満開になるだろうと思って。

院長　桜の花は、まだですよって言ったでしょ。

院長祖母　そうだったかしら。

たか子　はなさん？　お久しぶり。私のことわかりますか？

院長祖母　……。すみません。どちら様で？

たか子　(はがきを見せて）この葉書、あなたが私に送ってくれたの。覚えていますか？

院長祖母　私が、あなたにはがきを……。

たか子　そうです。わたしは。亀田たか子、あなたと戦地で兵隊さんの世話をした。一緒に兵隊さんを励ました。亀田たか子です。

院長祖母　亀田、たか子さん？

たか子　そう、亀田たか子。

院長祖母　……。

見習看護師は、菜見子にそっと話しかける。

見習看護師　菜見子さん、聞いて、私の話を聞いて。

菜見子は、反応しない。

見習看護師は､操作している菜見子の手に自分の手を添えて、自分の携帯電話を取り出し、菜見子に見せる。

見習看護師　これね、私の携帯電話。随分古いでしょ。私ね。メールを持っているの。毎日、毎日待っているの。もう5年も。明日でちょうど5年。でも連絡はこないの。(間）私のおとうさんも、おじいちゃんも、おばあちゃんも津波に流されて死んだの。でもお母さんは、まだ見つからなくて、あの日は、学校が試験で早く終わって、家で次の日の試験勉強をしていたら地震が起きて、でもすぐにお母さんから電話がきて、津波が来るから、裏山の神社に逃げろっていわれて、お母さんもおじいちゃんとおばあちゃんを車に乗せて後を追いかけるからって。だから私は神社で待っていたの、(間）遠くから大きな波がやってきて、どんどん、どんどん海が近づいてきて、家が壊れて、車が流されて、人も……。それでもお母さんから「今、おじいちゃんと会えた」ってメールがきて、だから、だから待っていたの。(間）夜になって、雲がなくなり、星がとてもきれいに見えて、でも街は真っ暗で、私は何度もお母さんにメールをしたけど、返事がなくて、そのうち涙が出てきて、その涙もなくなったころに夜が明けて、山を下りて、街を探して、お父さんは会社で、おじいちゃんとおばあちゃんは家のそばで見つかったけど、お母さんは見つからなくて、一日中探したけど、会えなくて、何度もメールしたけど返事はなくて、それでも電話が通じていないんだと思って、（間）次の日も、次の日も連絡したけど、返事がなくて、よくわからない間に、お父さんたちのお葬式は終わって、何でお母さんはお葬式にいないんだろうって、そのことばかりを考えていて、配給のおにぎりも食べなかったらしく、お風呂もないから、何か気がおかしくなったんじゃないかって、親戚のおばさんが心配して、支援に来ていた院長先生に診てもらいに、連れて行ってくれて、（間）そうしたら「病院を手伝わないか」と言われて、ひとりじゃ、生活できないから。ここに来て、お世話になって、それでもお母さんから今日は連絡があるんじゃないかって、毎日、毎日待っているうちに、5年がたってしまったの。私、どうしてもお母さんがいないっていうことを認められなくて……。（間）でもね。菜見子さんと会って、わかったことがあるの。（携帯電話を見つめて）この中には、お母さんはいないの。私のお母さんはここにはいない。どこにいるかわからないけど、ここにはいない。（間）私ね。院長先生にお願いして、明日家に帰ろうと思うの。裏山の神社に行って、星空をみて、お母さんを探して、会ってこようと思うの。

見習看護師は、菜見子に寄り添い、菜見子の携帯電話に手を添える。

見習看護師　菜見子さん、あなたのお母さんもここにはいないの。あなたのお母さんは、すぐそばにいるじゃない。こんな手のひらの中ではなく、すぐそこに。いつだってあなたはお母さんに気持ちを伝えられるの。文句を言いたければ言えばいい。助けて欲しけりゃ、叫べばいい。菜見子さん、あなたのお母さんは、すぐそこにいるの。

菜見子母、泣き崩れる。看護師長がそれを支える。
見習看護師は、院長に向かいあう。

見習看護師　院長先生、ごめんなさい。我慢できず、話し始めたら止まらなくなってしまって。
院長　いいえ、よく話してくれましたね。随分と辛いことも思い出してしまったのではないですか。
見習看護師　いや、わかっていたんです。私のお母さんはこの中になんかいないことを。でも、どうしても受け入れられなくて。（間）院長先生、私、田舎に帰ってきます。あの日と同じ星空を見てきます。たぶんお母さんにも会えると思います。いいでしょうか？
院長　もちろん、行ってらっしゃい。
見習看護師　それと。
院長　それと。
見習看護師　それと、また、戻ってきていいですか？　ここに。
院長　（大きく頷く）

突然、院長祖母がたか子に近寄る。

院長祖母　たか子さん、たか子さん。何やっているの、早く、早く兵隊さんをお世話しないと。

たか子　（一瞬戸惑うが）あっ、はいはい。そうですね。

院長祖母　兵隊さん、痛いですか？　辛いですか？　今手当しますから、もう少し頑張ってください。あきらめないで、お国にお母さんが待っているでしょ。生きて、生きて、お母さんのもとに帰らなければ、思い出して、お母さんと見上げた桜の木、満開の桜の木の下で、お母さんと手をつないでいたことを思い出して、お母さんが待っていますよ。生きて、死なないで。兵隊さん、兵隊さん。

たか子　はなさん、ここは私が引き受けます。あなたは少し休んでください。

院長祖母　そう、わかったわ。お願いします。

たか子　（介護担当に）お願いします。

院長祖母は、介護担当に支えられてベンチに戻る。
次のたか子のセリフ途中から、音響ＦＩ。

たか子　今日はね。桜の木を見に来ました。戦地の病院で、怪我をした兵隊さんが次々に運ばれてきて、病院なんていっても洞穴にむしろが敷かれてだけのもので、薬なんか何もなく、私たちは、ただ兵隊さんに声をかけて励ますことしかできませんでした。そのうちはなさんが、さっきのように励ますようになり、やがてみんなもそうなって……。（間）テレビや映画じゃ兵隊さんは格好いい言葉を言って亡くなっていくけど、そんなのは作り話です。みんな死にたくない、助けてくれって……。そして最後は、みんな「おかあさん、ごめんなさい」っていってね。（間）人の命に差はありませんが、親を残して若い人たちが亡くなっていくのは、辛いものです。戦争が終わって、私もはなさんも里に帰って、年に1度の年賀状のやりとりで、はなさんがお医者さんになって、病院を建てて、庭に桜の木を1本植えたと聞いて、毎年、その桜が成長していることを知らせてもらっていました。私もこういうことになり、怖くて、怖くて……。そうしたら、はなさんの桜の木を見たくなって、やってきたのです。満開のときまでは待てないようなので、せめてはなさんと一緒に見上げてさせてもらおうと思いまして。

院長　そうだったんですか。祖母が少しずつ記憶をなくしていく中で、桜の木のことだけはいつも語るので、どうしたものかと思っていたのですが……。そんな出来事があったんですね。

プロローグ『希望の桜』

院長は、桜の木を見上げながら、周囲の人たち（観客）に語りかけるように語る。

院長　いつのころからでしょうか。私たちは見上げることをしなくなりました。手のひらの中のある世界ばかりを覗きこみ、それが世界だと思い込み、人と語ることも、顔を見ることもなくなり、ひとりひとりが生きるようになりました。でも、私たちは、空を見上げてきたのです。耐え切れない悲しみに出会った時も、とてつもなく途方に暮れた時も、やがて私たちは空を見上げました。そして思い出すのです。暖かな春の日に、母の手を握り、満開の桜の木を見上げたことを。

見習看護師は、院長の顔を見て問いかける。
院長は、見習看護師に深く頷き同意を伝える。
見習看護師、菜見子を泣き崩れている菜見子母のところへ連れて行く、
看護師長は、菜見子母を支えて、菜見子に対峙させる。
見つめ合う菜見子と菜見子母。

菜見子　おかあさん。

音響ＶＵ。

菜見子は菜見子母の胸の中で暖かく抱きしめられる。
見習看護師も院長に優しく抱かれる。
院長祖母が、舞台センターに歩み出で、右手を掲げ、桜の木を見上げる。
一同、院長祖母の動きに従って、桜の木を見上げる。

音響更にＶＵ。
緞帳ダウン。

新作ちゃんめぐ浪忍記

遠藤琴和＋横浜市立日吉台西中学校演劇部

＊物語中、『　』で示されているものは浪曲の節や啖呵です。

登場人物

【現実】
めぐみ　18歳。ドジなところがある。
京山萬月《ばんげつ》　54歳。浪曲師。厳しく寡黙な人。
京山楓　25歳。萬月の1番弟子。浪曲師。陽気。
京山慎太　20歳。萬月の2番弟子。浪曲師。生意気。
ミツミ　18歳。萬月の弟子。ナズナと仲良し。
ナズナ　17歳。萬月の弟子。ミツミと仲良し。
弟子　萬月の弟子たち。
薫子　52歳。めぐみの母親と同じ流派の舞踊家。現在もめぐみの世話を焼く。
踊子　薫子の日舞教室の生徒たち。

【浪曲の世界】
恵助　15歳ぐらい。忍者のたまご。
師匠　48歳ぐらい。くノ一。
ヒナギク　23歳ぐらい。クールビューティー。
強い奴　強い。恵助たちの敵。
敵　恵助たちの敵。

【時】
現代

【場所】
日本のどこか

【第一場】

幕前に題名を書いためくりが置いてある。拍子木を打ち鳴らす音がして幕が開く。三味線の音もする。舞台の左右奥にそれぞれ平台、舞台中央に戸板返しがある。戸板返しの前にめぐみが正座している。

めぐみ 『時は戦国　戦いの世　すべての武将の隠し事　人に知られで手に入れる　忍びの術を持った者　忍者と呼ばれて駆け回る　その忍者に憧れ抱える一人の少年　名を恵助と申す』
『なんと見事な忍術だろうか。自分もあのようにはなれないものか。』
『何を言っている。貴様に忍術は到底無理と遠山桜が言っている。見覚えがねえとは言わせねえ……』

萬月（声） やめろ！

先生が出てくる。その後ろに慎太・ミツミ・ナズナもついている。

めぐみ 先生。
萬月 何だ今の啖呵《たんか》は！　遠山の金さんじゃないか！
めぐみ 時代感が出るかと思って……。
萬月 アホか！　浪曲を馬鹿にするんじゃない。よくあんな大口を叩けたものだな。今のままでは入賞どころか弟子入りも認められない。

萬月が行ってしまう。慎太・ミツミ・ナズナに取り囲まれる。

慎太 まさか本気だと思わなかったな。
めぐみ な、何がですか。
慎太 （鼻で笑って）ただの付き人が2代目の朔月になろうとか百万年早いんだよ。
めぐみ 本気に決まってるじゃないですか。
ミツミ 花形演芸会で優勝したら弟子に取ってもらえるだなんて羨ましい。萬月先生のお情けに感謝しなさいよ。
めぐみ わかってます。だから練習しているんじゃないですか。
慎太 いいや、お前はわかってない。
ナズナ あのね、京山朔月《さくげつ》は萬月先生が若かったころ初めて襲名した名前なのよ？
ミツミ 2代目の朔月を決めるなら慎太さん以外にあり得ないわ。ましてや、あんたみたいなど素人。よくあんなこと言えたわよね。
ナズナ ねえ。「私を朔月にしてください」だなんて。
慎太 いいか。朔月になれば萬月の名だって継げるチャンスなんだよ。先代が引退したとき、先代は迷うことなく朔月だった萬月先生に名前を継いでくれと言ったんだ。
ミツミ 名前をもらうことが私たちにとってどれだけ重要

なことかわかる？

めぐみ　それは……。

慎太　それがわかっていれば「萬月先生のどの弟子よりも浪曲が好きだ」なんて生意気なこと言えるわけがないだろう。お前は俺たちだけじゃなくて萬月先生さえも侮辱したんだよ。

ナズナ　本当に浪曲が好きならあと1か月で花形演芸会で優勝するのは不可能なことぐらいわかるはずよ。

ミツミ　あんまりいい声でもないしね。

ナズナ　絶対慎太さんや楓さんのほうが上手よ。

慎太　そりゃそうだろナズナ。こいつの浪曲好きも一時的なもんだよ。

めぐみ　そんなことない！　昔からずっと好きだったんです、ずっと浪曲やりたかったんです。

慎太　じゃあお前、本当に優勝して見せろよ。そんなに自信があるならやって証明しろ。まあお前にはたぶん無理だけどな。

笑いながら去っていく慎太・ミツミ・ナズナ。その背中に向かって叫ぶ。

めぐみ　……絶対優勝してあっと言わせてやるから！

楓　マジ？（めぐみの背後から突然出てくる）随分ビッグマウスだね？

めぐみ　あ、あなた誰ですか。

楓　ああ、私？　楓。キミでしょ？　さっきなんか歌ってたの。

めぐみ　そうですけど……。

楓　あれめっちゃ面白そうじゃん！　キミ名前何？

めぐみ　私……めぐみです。

楓　オッケーちゃんめぐみ！　いや、ちゃんめぐだな。

めぐみ　ちゃ、ちゃんめぐ？　あ、もしかして楓さん、ですか？

楓　そうそう。私、京山楓。昨日アメリカから帰ってきたの。イングリッシュ浪曲聴く？

めぐみ　いえ、大丈夫です。どうりでハイテンションなんですね。

楓　そう？　まったく先生ときたらアメリカに行けって言ったり帰って来いって言ったり、ほんとやになっちゃう。帰ってきたかと思ったら……。

めぐみ　あの、楓さんもしよかったらいまできているところまでみてもらえますか。

楓　ああ。もちろんそのつもりで来たし。花形演芸会に出す作品でしょ？　新作じゃあないといけないんだよね。

めぐみ　はい。じゃあ、さっきの続きを。

【第二場】

めぐみ座りなおして続きを語る。後ろの平台が明るくなり師匠とヒナギク、恵助が出てくる。平台の上で浪曲の中の物語が展開される。恵助が師匠に膝をついている。師匠の横にヒナギクもいる。

めぐみ　『ここいら一の忍術と世間に名高いあの忍者に　弟子入り願い申し出る』

恵助　どうかわたくしを弟子にしては頂けないでしょうか！

師匠　何を言うか。忍術を使うのに向いている者でなくては弟子にとっても意味がない。貴様には無理だ。

恵助　どんな修行にも耐えて見せます。どうか！

師匠　では、敵方の城から伝説と言われる巻物を1人で盗み出してこれたら考えてやる。

ヒナギク　師匠、それは酷ではありませんか。あの城にただの少年が1人で忍び込むなど、死にに行くようなものです。

師匠　ヒナギク。お前が言うなら仕方がない。お前もついて行け。

恵助　ど、どんな城なのですか。

師匠　シンデレラ城だ。

楓がめぐみに突っ込む。舞台前方が明るくなり、平台は暗くなる。恵助・ヒナギク・師匠は動かない。

楓　ちょっと待った！（前の台詞と被せて）なんでシンデレラ城なの！

めぐみ　わかりやすくいこうと思って。

楓　世界観ぶち壊しだよ。ちゃんめぐ、浪曲ってそういうもんじゃないよ。浪曲は明治時代初期から現代まで続く伝統芸能なの。あんな文化を無視した演出、浪曲じゃないでしょ。

めぐみ　確かに。

楓　浪曲師が百人いれば、百通りの節がある。同じ作品を読んでも一人一人が全く違う色を出すんだ。だから焦らないでちゃんめぐの浪曲を見つければいいんだよ。……って、萬月先生の受け売りなんだけどね。ねえ、萬月先生の浪曲みたことある？

めぐみ　もちろんです。

楓　アマチュア時代のは？

めぐみ　そこまでは。

楓　先生の浪曲、すごかったんだ。私、大好きなの。声も節も良かったし。何より浪曲で1番大事な啖呵の部分が迫力満点でさ。啖呵ってわかるよね。登場人物が語ってるせりふのとこ。

めぐみ　先生に啖呵がなってないって言われました。

楓　（笑って）浪曲で1番大事で1番難しいところなんだよ。どんな話にも1番大事な啖呵があってね。クライマックスで三味線の音が一瞬やんで、ひときわ大きい声で言うの。この物語のそれはもう決めてる？　大事なこと。1番言いたいこと。

めぐみ　それが、まだ……。

楓　そっか。

めぐみ　楓さんも萬月先生に憧れて弟子入りしたんですか？

楓　そうだよ。高校を出たら萬月先生に弟子入りしようって決めてたんだ。そしたら私が1番弟子だったの。びっくりだよね。
めぐみ　1番弟子だったんですか!?
楓　うん。先生、私にだけはほんとうに厳しかった。後から入ってきた慎太は私でもわかるくらい才能に溢れていたけど、私はただの人だったからね。でも今回のアメリカ巡業の依頼は自分から行くって言ったんだ。
めぐみ　……どうしてですか。
楓　それぐらい、自信があった。誰とも比べ物にならないぐらい先生のお叱りを受けて、誰にも真似させない自分の浪曲でここまで這い上がってきた自信があったから。
めぐみ　……。
楓　私のことはどうでもいいの。そんなことよりさ、どうしてこの物語思いついたの？　そっちのほうが気になるよ。
めぐみ　私、3歳のときに両親が離婚したんですけど、
楓　……そうなんだ。なんかごめん。
めぐみ　全然。3歳までの父の記憶が、一緒に忍者ごっこしたことぐらいなんです。それを思い出した時に懐かしくなっちゃって。
楓　ちゃんめぐ、お父さんのこと大好きだったんだ。
めぐみ　母からよく聞いてましたから。父の話は。……その母も数年前に亡くなったんですけど。
楓　ええっ　じゃあ、ちゃんめぐひとりぼっちなの？
めぐみ　まあ、そうです。
楓　……がんばろ、ちゃんめぐ！　ぜったい優勝してやろ！

全員いなくなると同時に踊り子が出てくる。

【第三場】

薫子の自宅・稽古場。三味線の音楽が聞こえる。日本舞踊の練習をする踊り子数人と薫子。薫子がめぐみに気づく。

薫子　おや、めぐみじゃないか。
めぐみ　薫子さん。ただいまです。
踊子たち　めぐみさんだ！（など、めぐみに反応して踊りが止まる）
薫子　気づかなかったよ。いつ帰ってきたんだい。
めぐみ　今です。通りかかったので、久し振りに薫子さんの顔が見たくなっちゃって。今度、花形演芸会に出ることになったので、新作を作ってるんです。
薫子　花形演芸会に？　ああ、聞いたよ。とうとうあんたも浪曲に目覚めたか。萬月がぼやいてたよ。日本一馬鹿な奴に会ったって。（笑う）
めぐみ　馬鹿って……前も萬月先生に言われました。
薫子　ははは……でもあんたや慎太みたいな若いもんが日本の伝統芸能に加わってくれるのは嬉しいことだよ。私たちが若かったころにはみんなが目新しい外国のものに

心を奪われるようになっていて。もう1度寄席や劇場を人でいっぱいにしようって、あんたのお母さんも新しい踊りを作ろうとしてたんだよ。

めぐみ　お母さんも？

薫子　そう。彼女が1番頑張り屋だったんじゃないか。やっぱり血は争えないね、お馬鹿で頑張り屋のところがさ。……悪いけど、お前の部屋はもう処分しちまったよ。

めぐみ　えっ！　ぬいぐるみとかは？（踊子と薫子笑う）

薫子　お前はいつまでも子どもみたいだね。冗談だよ。またいつでも帰っておいで。

踊子たち　もうカレー焦がさないでよね。（みんな笑う）めぐみさん、浪曲師になったの？

めぐみ　ううん。萬月先生の弟子になるためにこれを歌うんだ。絶対、弟子になってみせるよ！

薫子　どれ、見せてごらん。（めぐみから書きかけの台本を受け取る。うんうんと頷きながら）諦めないでゆっくり考えれば自然と登場人物と対話出来るようになるらしいよ。

めぐみ　それ、誰が？

薫子　……あんたの父親が言ってたんだよ。

めぐみ　お父さんが、そんなことを……。

薫子　お母さんも応援してくれるよ、頑張んな。（踊子たちに）はい、今日の稽古はここまで。めぐみも帰ってきたことだしカレーでも作ろうか。

めぐみ　はい！

全員上手に去る。下手から慎太とミツミとナズナが出てくる。

ミツミ　花形演芸会まで日はないってのにあの子、お稽古つけてもらってないらしいわよ。

ナズナ　先生も何を考えているのかしら。絶対優勝なんて無理……しーっ、帰ってきた。

めぐみが上手から帰ってくる。慎太たちには気づかずに台本作りに夢中の様子。そこに3人、近づいていく。

ミツミ　まだなんかやっているよ。

ナズナ　どうせむだなのにね。頑張っちゃって。

慎太　おい。

めぐみ　わ、びっくりした。（と同時に本を奪われる）ちょっと！

慎太　なんだよ、全然すすんでないじゃないか。結局口だけかよ。（慎太、めぐみを翻弄する。台本がナズナの手に渡る。それを見て笑う）

ナズナ　なにこれ、ここんとこ真っ白よ。明後日が本番なのわかってるの？

ミツミ　ちょっと先生に特別扱いされてるからっていい気になるんじゃないわよ。先生に恥かかせたらただじゃおかないから。

慎太　早くあきらめた方がいいんじゃないんじゃないのか。

郵便はがき

恐れ入りますが
切手を貼って
お出しください。

101-0064

東京都千代田区猿楽町2-1-16-1F

晩成書房

編集部 行

あなたのことを教えてください!

おところ

〒□□□-□□□□

☎ (　　　)

ふりがな

お名前

男・女

歳

お仕事は…

勤務先・学校名・クラブ・サークル名などを

ご購入ありがとうございました！
図書名をお知らせください。→

こんにちは！

お元気ですか？ ちょっと唐突ですが，この世の中 やっぱり 一人ひとりが もっと自分らしく，個性豊かに，元気に生きたいですね。もっとお互いに ことばと からだで表現し，コミュニケーションし合って，しなやかな人間関係ができればステキですね。…私たち 晩成書房では，そんなことを考えながら，子どもたちの全面的な発達を願う 演劇教育の本を中心に，シュタイナー教育，障害児教育などの教育書，さらに演劇書，一般書の出版を続けています。また，あなたと，さらに良い出会いを持ちたいと思います。本書についてのご意見・ご感想，あるいは 本書に限らず，あなたご自身のお考え，活動のこと，必要を感じられている図書などを お聞かせいただければ幸いです。

●本書は何で 知られたのですか？

●あなたからのこのおたより，晩成書房の読者のページ「おのまとペ」で紹介させて頂くことがあります。（月刊「演劇と教育」巻末です）ペンネームなどご希望の方は，その旨お書きください。

めぐみ台本を取り返す。

めぐみ　あきらめません。絶対に書きます。
ナズナ　花形演芸会、楽しみにしているわ。先生に恥かかせたらただじゃ置かないから。
ミツミ　がんばってね。（馬鹿にしながら去る）
めぐみ　……絶対書き上げてやるんだから。

座って続きを考えようとするが、できない。台本を投げ出して寝転がる。

めぐみ　大事なこと、１番言いたいこと……あー！　思いつかない。

台本を見て唸る。悩んでいる様子である。後ろ平台に恵助が出てくる。

【第四場】

めぐみ　そしたら次の恵助の啖呵が……。
恵助　（平台にて全力で）『はっはっは！　空蝉の愚民ども！　お前らの巻物を奪ってやる』
めぐみ　（被せて）違うな。
恵助　『天より摩天楼に舞い降りし堕天使の末裔それは俺！さあ巻物をよこしな』
めぐみ　（被せて）絶対に違うな。
恵助　『この身体に刻まれし忍びの魂が目覚めるとき』
めぐみ　（被せて）確実に違うな。もうこれでどうだ！
恵助　『おまえはもう死んでいる。巻物を渡せ！　あたあ！』おい何やらせるんだよ！
めぐみ　えっ？　何？

平台から降りる。勢いよく。恵助が浪曲の世界から飛び出してきた。

恵助　めっちゃ恥ずかしいぞこの台詞！
めぐみ　誰⁉　あなた誰ですか？　誰か！　謎のコスプレイヤーが不法侵入！
恵助　失礼な！　よく見ろ、お前が考えたんだろ。
めぐみ　その恰好って……まさか恵助？
恵助　疑うなよ。お前の言葉選びのセンスどうなってんだよ『おまえはもう死んでいる』なんて言いたくないわ！
めぐみ　わー！　恥ずかしいからやめて！
恵助　お前が言わせたんだろ！　恥ずかしいのはこっちなんだよ！

恵助ふとめぐみの手元の台本に気づく。言い合いが止まる。

恵助　（見て）進んでないんだな。何に行き詰ってんだ？
めぐみ　……最後の、１番大事な台詞が思い浮かばないんだ。
恵助　大事な台詞？
めぐみ　そう、台詞の部分のことを啖呵っていうんだけど、1番言いたい言葉が何か思いつかないんだよね。
恵助　それがさっきの「おまえはもう死んでいる」か？
めぐみ　だからそれはもうなしでいいって。
恵助　どの場面で言うんだ？
めぐみ　城から巻物を奪って師匠の元に帰ってきたところ。
恵助　そのタンカっていうのはないとダメなのか。
めぐみ　ダメではないけど、私はそこで大きく啖呵を切りたいの。強い意志！って感じ。
恵助　なるほど。1番言いたいこと？……そんなに難しくないだろ。
めぐみ　思いつくの？
恵助　思いつくっていうかやっぱりこういうのがいいと思うんだけどな。
めぐみ　どんなの？
恵助　まず巻物はカッコよく奪いたいよな！　敵に見つかるんだけどドンドン倒していく感じ。
めぐみ　なるほど、敵ね。敵！（大声で呼ぶ。敵が飛び出してくる）あっやっぱちょっと待って。（敵の動きが止まる）ここでヒナギクさんが出てきたらカッコいいんじゃない。
恵助　それいいな。ヒナギク、カモン！

ヒナギクが出てくる。敵をやっつけるフリ。内容の打ち合わせをする。

恵助　それから一際強い奴が巻物を持って出てくるんだよ。
めぐみ　OK。強い奴ね。カモン！

北斗の拳が流れる。
強い奴が巻物を片手に戸板返しから出てくる。巻物を奪おうと戦うが強い奴にやられて恵介ボロボロになる。ヒナギクが強い奴から巻物を受け取り恵助に渡す。

めぐみ　大丈夫……？
恵助　大丈夫大丈夫。（ぜえはあ言っている）倒して、城を逃げ出す。そしたら、ここ！　ここで師匠が出てくる。

戸板返しから師匠登場。

師匠　ここで私が出てくるんだからな。間違えるんじゃないぞ。
めぐみ　は、はい。
恵助　そしたら巻物を差し出して……。
めぐみ　何を言うの？
恵助　弟子にしてください！って、もう1回頼むんだよ（師匠、巻物を受け取って戸板返しを回して去る）
めぐみ　弟子にしてください、か。そうか改めて申し出るんだね。それで行こう。さすが本人。
恵助　だろ？　やっぱり直球で行かなきゃな。敵を倒して、巻物を奪って、師匠に認めてもらう。これで全部解決だ！
めぐみ　おお、いいね！
恵助　おお、俺のシーンめっちゃカッコいい！　なあそれいつ発表するんだよ。まだ先なのか。
めぐみ　明後日。
恵助　ずいぶんギリギリだな。じゃあすぐだ、楽しみだなあ。浪曲って、面白そうだけど大変なんだな。
めぐみ　忍者もそうでしょ。
恵助　まあな。（笑って）頑張って来いよ。……俺もだな。

2人笑う。

【第五場】

木番当日、花形演芸会の楽屋。1人精神統一しているめぐみ。楓がやってくる。

楓　ちゃんめぐ緊張してる？
めぐみ　全然。ほらこの通り。（超動揺）
楓　大丈夫だって。頑張れ。弟子入りがかかってるんだから。そう言えば先生本番前に寄るって言ってたんだけどな。来ないね。
めぐみ　はい……。
慎太　楓さん！　楓さん！

駆け込んでくる慎太・ミツミ・ナズナ、息が切れている。

楓　何？　どうしたの？
慎太　先生が……。
3人　倒れたんです。
めぐみ　え？
慎太　今救急車を呼びました。
ミツミ　先生が病気なんじゃないかってみんな騒いでて……だから朔月の襲名を急いだんですか？
ナズナ　もしかして楓さん知ってたんですか⁉
楓　落ち着いて！　私も付き添う。
めぐみ　私も行きます！
楓　ちゃんめぐはダメ。
めぐみ　何でですか！
楓　本番だから。先生が芸に妥協を許すと思う？　出なきゃダメ。
ミツミ　すぐに本番じゃない。
ナズナ　行けるわけないでしょ。
めぐみ　でも……でも。（パニックになるめぐみ。楓・ミツミ・ナズナで抑えようとする）
慎太　お前。（めぐみが顔を上げて慎太を見る。慎太、きっぱりと）弟子じゃないだろ。

めぐみの動きが止まる。沈黙。

楓　……ちゃんめぐ。ちゃんめぐは舞台上がんな。

走っていく4人。救急車のサイレンの音。
俯いているめぐみ。

【第六場】

音楽が鳴り出す。めくりは「花形演芸会」に変わる。
踊り子が音楽に合わせて日本舞踊を踊る。踊り子が去ると
司会が出て来て一礼する。

花形演芸会本番。舞台上手に演台を置く。曲師がその隣の
椅子に座る。

司会　皆様、本日はお忙しい中、花形演芸会に足をお運び
いただきありがとうございます。これより午後の部を開
始いたします。午後の部1番手は大内めぐみさんです。
（めくりが「大内めぐみ」に変わる）それではよろしくお
願いいします。

曲師が三味線を弾く。めぐみ出て来て一礼する。演台の前
に立って始める。めぐみの浪曲に曲師はあいづちをいれ
る。

めぐみ　『時は戦国　戦いの世　すべての武将の隠し事　人
に知られで手に入れる　忍びの術を持った者　忍者と呼
ばれて駆け回る　その忍者に憧れ抱える一人の少年　名
を恵助と申す』

津軽三味線の激しい音楽。戸板返しを回して恵助が出て来
る。

めぐみ　『辿り着いたのは森戸が原城　武器の巻物はどこに
ある　するとどこからか』
『曲者！』

敵に見つかる。殺陣が始まる。ヒナギクとともに敵や強い
奴と戦う恵助。初めは劣勢に見えたが、力を振り絞り自ら
巻物を奪う。巻物を持って走り去る。恵助は平台の上に。

恵助　師匠！　おっしゃった通り、巻物を盗み出してきま
した。

音楽に被せて救急車のサイレンの音。

めぐみ　先生……先生……！

音楽カットアウト。
舞台中央、戸板返しが回って出てきたのは萬月。

めぐみ　『お父さん』！

驚いた顔の恵助。長い沈黙を置いてから舞台全体が暗くなる。

【第七場】

舞台の下手がほのかに明るくなる。病室。椅子に座った先生。医者が点滴を打っている。楓が隣に立っている。

楓　大丈夫ですか。

医者　前にも言いましたが、あんまり無理をすると浪曲どころか命までなくなってしまいますよ。念のため、数日入院していただきます。京山先生安静にしておいてくださいね。では回診なので失礼します。

医者が去り、楓と先生2人になる。

楓　ダメでした。ちゃんめぐ。

萬月　(間)

楓　朔月の襲名を急いだのは、このせいなんですね。

萬月　……朔月はお前が継いでくれ。

楓　……先生、一つお聞きしてもいいですか。

萬月　……。

楓　(間)やっぱり、すぐ気づくもんなんですか。

萬月　何が。

楓　実の娘が弟子になりたいって言ってきたら。

沈黙。

萬月　……昔の自分に顔が似てたからな。

楓　いつぐらいから。

萬月　初めて見たときからだ。父親の勘だな。幼いあいつしか知らなかったが……すぐわかった。若い頃、俺は浪曲に命を捧げていてな。家族のもとに帰ることがなくなって、とうとう女房にも愛想を尽かされた。

楓　……。

沈黙。

萬月　それ以来、1度も会っていない。

萬月　お前は。いつから知ってた。

楓　……1番弟子の勘？(笑って)冗談ですよ。……ちゃんめぐが言ってたんです。今回の浪曲は、お父さんの記憶から作ったんだそうです。先生のアマチュア時代の作品にも忍者のものがありましたよね。

萬月　……。

間。

楓　……「お父さん」とは呼ばせてあげないんですね。

萬月　芸の世界は厳しい。お前だってわかってるだろう。だからこそ甘く接することは出来ないんだ。……あいつの世間体もある。（つぶやく）今の俺とあいつの関係は、あくまで師と弟子だ。（間）そうだな、あいつが俺を「お父さん」と呼ぶのは師弟を離れるとき……。（笑って）俺が死ぬときかな。

楓　やっぱ厳し。（一緒に小さく笑う）……先生今、ちゃんめぐのこと弟子だって認めた。

楓何かに気づく。

楓　ちゃんめぐ？

振り返る先生。舞台の上手からめぐみが出て来て、先生から少し離れたところで立っている。
先生、しばらく黙っているが急に叱る。

萬月　駄目だったそうだな。

めぐみ　……すみませんでした。（間）……本番で、失敗したんです。1番大事なところで。1番言いたかった啖呵で。

萬月　やり直してみろ。今、ここで。

後ろ平台が薄明るくなり恵助が出てくる。

恵助　『師匠』

めぐみ　先生。

拍子木が鳴る。

めぐみ・恵助　……弟子にしてください！

先生黙ってみている。めぐみしっかりと立っている。

萬月　いいんじゃないか。

めぐみ　先生。

萬月　遠山の金さん、出てこなかったしな。

めぐみ　……そこですか。

萬月　（ふっと笑って）お前らしくて、良かった。

嬉しそうなめぐみ。楓頷いている。恵助、微かに笑って去っていく。先生ぶっきらぼうに続ける。

萬月　楓。俺が復帰するまで、いろいろ頼んだ。

めぐみ　先生？

萬月　退院したら厳しいぞ。

めぐみ　はい。

萬月　まだまだ基本がなってない。

めぐみ　はい。

萬月　俺がお前を1人前にしてやる。付いて来い。

めぐみ　……はい！

萬月　俺の目の黒いうちはお前は京山家門下生だ。……一生、「先生」と呼べ。

めぐみ　はい！　先生！

【終幕】

三味線が鳴り出す。
いつかの寄席の様子。舞台中央に演台が出ている。めくりは「京山めぐみ」。奥に曲師が座っている。拍子木を打ち鳴らす音。拍手と囃す声がする。
椅子を仕舞う。演台が中央にくる。
一礼すると拍手が止む。凛とした顔で語りだすめぐみ。

めぐみ　『時は戦国　戦いの世……』
めぐみの浪曲と威勢の良い曲師のあいづちの声。幕が閉まりだすとともにフェイドアウトする。拍子木とともに閉幕。

――幕――

【上演のてびき】

横浜市立日吉台西中学校 演劇部
遠藤琴和

演出するに当たっては「間」を取ることに重きを置きました。特に第七場ではBGMは流さずに沈黙を強調しました。日吉台西中演劇部では、戸板返しや演台などの大道具を使いましたが、ない場合が多いと思うので工夫していただきたいです。
「強い奴」、第四場冒頭の「恵助」の啖呵などは、各上演校の個性を活かせるところだと思います。日本舞踊や浪曲、殺陣も西中演劇部では実際に部員が演じました。特に浪曲は大変ですが、物語の大事な要素ですので是非挑戦してみてください。
現実世界の「ちゃんめぐ」、「萬月」、「楓」と浪曲の世界の「恵助」、「師匠」、「ヒナギク」が対比するような形になっているのも楽しんでいただきたいです。
「新作ちゃんめぐ浪忍記」はたくさんの方のご協力と優しさを受けてつくられたものですので、それ以上にたくさんの方に愛していただけたら幸いです。

法廷劇「償《つぐな》い」

山城美香

※参考文献、引用
DVD『裁判員制度―もしもあなたが選ばれたら―』企画・製作　法務省

登場人物
ナビゲーター
裁判官
検察官
弁護人
廷吏
被告人
証人……被告人の親
刑務官A
刑務官B
被害者側弁護人
被害者
被害者側家族
傍聴人

緞帳《どんちょう》、閉。
音響『ジムノペディ』
ナビゲーター、上手《かみて》から登場。
照明、ナビゲーターのみ。

ナビゲーター　法律を作る力・政治を行う力・裁《さば》く力。この３つの権力を分ける三権分立《さんけんぶんりつ》を唱《とな》えたフランスの思想家《しそうか》。
誰か、わかりますか?

傍聴席前列より「モンテスキュー!」

ナビゲーター　そう、シャルル・ド・モンテスキューです。今日は、その中の裁く力『司法の世界』にふれてみましょう。

音響、効果音。(殴打→救急車→パトカー→潜水艦深海)

ナビゲーター　ある日突然、犯罪に巻き込まれる恐怖。安全に暮らす私たちを、途端《とたん》に不安に 陥《おとしい》れる犯罪。
残念ながら、また発生したようです。
裁《さば》かれるとはどういうことなのか、じっくりとご覧《らん》ください。

緞帳《どんちょう》、開。

照明、舞台全体。
ナビゲーター、舞台内へ。

ナビゲーター　今回の裁判に関わる人物を、少し、説明いたしましょう。
まず、傍聴席《ぼうちょうせき》にいるみなさんから向かって左側にいるのが、検察官《けんさつかん》。刑事《けいじ》の協力を得て事件を慎重《しんちょう》に調べ、裁判官《さいばんかん》に訴《うった》えるのが彼の仕事。彼のモットーは『被害者《ひがいしゃ》の味方《みかた》になれるのは俺たち検察官《けんさつかん》だ!』と日々、使命《しめい》に燃える、やり手の検事《けんじ》と恐れられています。
そして、向かって右側にいるのが、弁護人《べんごにん》。彼は常《つね》に真実《しんじつ》を追求《ついきゅう》し、正義《せいぎ》をつらぬこうとする、誠実《せいじつ》で、情《なさ》け深い弁護士《べんごし》として、一目《いちもく》置かれています。
弁護人席側《べんごにんせきがわ》にいるのが、被告人《ひこくにん》。今回の事件で、容疑者《ようぎしゃ》として逮捕《たいほ》されました。
両側にいるのは、刑務官《けいむかん》です。あちらは廷吏《ていり》。裁判の進行を助けます。

廷吏《ていり》　裁判を始める前に、傍聴席《ぼうちょうせき》にいる　みなさんにお知らせします。
法廷では、大声で騒いだり、写真撮影や録音といった行動は禁止です。注意してください。

ナビゲーター　みなさんも、傍聴人《ぼうちょうにん》ですから注意してくださいね。
大声を出したり、口笛《くちぶえ》、指笛《ゆびぶえ》なども、やめてくださいね。
あっ、着いたようです。何色にもそ染まらない、黒い服をまとった裁判官《さいばんかん》。

憲法《けんぽう》と法律《ほうりつ》にのみ拘束《こうそく》され、責任をもって公正《こうせい》に裁《さば》く、裁判官《さいばんかん》の登場です。

ナビゲーター、上手《かみて》へ。

裁判官、登場。

廷吏以外、着席。

廷吏《ていり》 起立！ 礼！

裁判官 『事件番号 平成28年（わ）第１５３号 那覇市で発生した傷害《しょうがい》事件』です。これから、刑事裁判《けいじさいばん》を始めます。それでは、被告人《ひこくにん》、前へ。

被告人、証言台の前に立つ。

裁判官 被告人《ひこくにん》の確認をいたします。あなたの名前は『比嘉○○』ですか？

被告人 はい、そうです。

裁判官 生年月日は、平成８年４月15日で、住所は『那覇市○○24番地』で、現在、20歳《はたち》でまちがいないですか。

被告人 はい、まちがいありません。

裁判官 職業はアルバイトですか。

被告人 はい、その通りです。

裁判官 被告人《ひこくにん》の本人確認が終わりましたので、それでは、検察側《けんさつがわ》から始めて下さい。

検察官、起立して。

検察官 われわれ検察側《けんさつがわ》は、被告人《ひこくにん》『比嘉○○』を刑法《けいほう》第２０４条傷害罪《しょうがいざい》で起訴《きそ》します。

検察官、座る。

裁判官 被告人《ひこくにん》は自分に不利《ふり》な質問に答えなくて良《よ》い、黙秘権《もくひけん》が認められます。被告人《ひこくにん》は、今の起訴状《きそじょう》の内容にまちがいないですか。

被告人 はい、まちがいないです。

裁判官 弁護人《べんごにん》は、どうですか。

弁護人 はい、被告人《ひこくにん》と同じです。

裁判官 それでは、検察側《けんさつがわ》から始めてください。

検察官、起立して。

検察官 被告人《ひこくにん》『比嘉○○』は、平成28年5月1日 午後11時45分、那覇市の居酒屋《いざかや》Bサインで被害者《ひがいしゃ》（金城○○）の顔面《がんめん》を殴打《おうだ》し、前歯2本と鼻の骨を折る全治《ぜんち》3ヶ月の大けがをおわせました。ここに、被害者《ひがいしゃ》を診断《しんだん》した、（検察官、証拠品を弁護側、傍聴人席側に見せながら）県立南部《なんぶ》病院からの診断書《しんだんしょ》と、ケガのようすを写した写真を、証拠《しょうこ》として提出いたします。

検察官、診断書、写真を廷吏《ていり》へ。

廷吏《ていり》、証拠を、裁判官へ。

検察官　被告人《ひこくにん》に質問します。いったい何故、被害者《ひがいしゃ》に暴力をふるったんですか？

被告人　たまたま、1人でバイト帰りに立ち寄った居酒屋《いざかや》に金城さんがいて。なんとなく、自分をにらみつけている感じがしたので、カッとなって、気づいたときにはもう、殴《なぐ》っていました……。

検察官　まるで、人ごとのような言い方ですね！　あなたは被害者《ひがいしゃ》とは顔見知《かおみし》りだったのですか？

被告人　いいえ、初めて会った人です。

検察官　あなたは、初めて会った人でも、カッとなったら誰でも殴《なぐ》るんですか?!

被告人　いいえ、ちがいます。

検察官　あなたは、殴《なぐ》られた人の痛みや死ぬほどの恐怖がまったく、わかってないんじゃないですか？

被告人、必死に弁解《べんかい》するように。

被告人　そんなことないです！

検察官　目撃者によると、やめてくれと何度も訴《うった》える被害者《ひがいしゃ》に対して、あなたは執拗《しつよう》に殴《なぐ》り続け、罵声《ばせい》を浴《あ》びせ、血まみれになっている被害者《ひがいしゃ》に馬乗《うまの》りになり、無抵抗《むていこう》な被害者《ひがいしゃ》をなおも殴《なぐ》り続けた。何か、反論《はんろん》はありますか？

弁護人、机を叩き、起立。

弁護人　異議《いぎ》あり！　検察《けんさつ》官は被告人《ひこくにん》を追い込んでいるにすぎません！

裁判官、弁護人を制止するしぐさ。

裁判官　弁護人《べんごにん》の異議《いぎ》を却下《きゃっか》します。検察官、続けてください。

弁護人、天井を見上げて、座る。

検察官、淡々と、ゆっくり、

検察官　先ほどの目撃証言《もくげきしょうげん》に、反論《はんろん》はありますか？

被告人、うなだれて。

被告人　……。いえ……。その通りです……。

検察官、裁判官の方を向く。

検察官　質問、終わります。

検察官、勝ち誇った表情で座る。

裁判官　次、弁護側から反対尋問《はんたいじんもん》を始めてください。

弁護人、起立。
動揺している被告人を安心させるために近づきながら。

弁護人　被告人におたずねします。あなたは事件のあった平成28年5月1日、かなりの量のお酒を飲んでいますね。何時ごろから、飲んでいましたか？

被告人　夜、7時ぐらいからだったと思います。

弁護人　お酒の量はどれぐらい飲みましたか？

被告人　ビールをジョッキ5杯以上は飲んだと思います。

弁護人　日頃から、お酒は　よく飲むのですか？

被告人　いいえ、その日は、特別にたくさん飲んでしまいました。

弁護人　なぜ、その日は、たくさん飲んでしまったのですか？

被告人　オーナーと、仕事のことでイライラすることがあって……。

弁護人、被告人の顔をのぞきこむ。

弁護人　オーナーというのは、あなたの？

被告人、うなだれて口ごもりながら。

被告人　……、……母親です……。

弁護人　もう1度、お聞きします。オーナーというのは、あなたの？

被告人、今度ははっきりと。

被告人　母親です。

弁護人　あなたは、被害者に暴力をふるったことを、どう、思っていますか？

被告人　本当にすまないことをしてしまったという気持ちでいっぱいです。反省しています。

弁護人　あなたには、奥さんと幼い息子さんがいますね？

検察官、机を叩きながら起立。

検察官　異議《いぎ》あり！　本件《ほんけん》と妻子は、関係ありません！

検察官、座る。
弁護人、裁判官の方を向く。

弁護人　被告人が心から反省していることを証明《しょうめい》するために、必要な質問なんです！

検察官、再び机を叩きながら起立。

検察官　異議《いぎ》あり！　弁護人は被告人に同情《どうじょう》しすぎます！

検察官、弁護人を指さす。

検察官　あなたのように、涙を誘《さそ》おうとする弁護士がいるから、この世からちっとも、犯罪が減らないんだ！

弁護人、裁判官の方を見て、抗議するように。

弁護人　検察官は、一個人《いちこじん》の見解《けんかい》を述《の》べているに過《す》ぎません！

裁判官、2人を見比べながら。
裁判官、ガベルを持ち、叩こうとし、思いとどまる。

裁判官　静粛《せいしゅく》に！(※弁護人→被告人→検察官→検察官→被告人→弁護人に視線。間、七秒)
ここは法廷《ほうてい》の場ですよ。
検察官、個人的な感情は持ち込まないように。
弁護人も落ち着いてください。

検察官、弁護人をにらみつけながら、座る。
弁護人、毅然《きぜん》と姿勢を正して、裁判官の指示を待つ。

裁判官　弁護人、質問を続けて下さい。

弁護人、傍聴席を指さしながら。

弁護人　あなたのご家族が、今日、傍聴席《ぼうちょうせき》にいらしてますね？

被告人　はい、来ています。

弁護人　ご家族に対して、今、何を言いたいですか？

被告人、思わず泣きながら、ふるえる声で。

被告人　本当に、迷惑をかけてしまって……。いくら、酔っていたからといって、イライラしていたからといって、あんなひどいことを……。とりかえしのつかないことをしてしまった……。

弁護人　あなたは被害者が入院している病院にお見舞いに行きましたよね？

被告人　はい、謝りに行きました。

弁護人　裁判官、被告人《ひこくにん》は被害者《ひがいしゃ》におわびの手紙を送っています。また、見舞金《みまいきん》80万円と治療費《ちりょうひ》55万円も支払っております。ここに、証拠《しょうこ》として、おわびの手紙と見舞金《みまいきん》・治療費《ちりょうひ》の領収書《りょうしゅうしょ》の写《うつ》しを提出いたします。

弁護人、廷吏《ていり》に証拠をわたす。
廷吏《ていり》、その証拠を裁判官に渡す。

弁護人　裁判官、ここで証人《しょうにん》を呼びたいと思いますが、よろしいでしょうか？

裁判官　わかりました。それでは、被告人は席にかけて待っていてください。

被告人、被告人席へうなだれながら戻り、座る。

裁判官　証人は、証言台《しょうげんだい》まで来てください。

証人が舞台そでから、証言台《しょうげんだい》まで来る。
廷吏《ていり》、宣誓書《せんせいしょ》を証人に渡す。

裁判官　証人は宣誓書《せんせいしょ》を読んでください。

証人、宣誓書《せんせいしょ》を朗読。

弁護人　あなたは被告人『比嘉○○』の母親、比嘉○○さんで、まちがいありませんか？
証人　はい、まちがいありません。
弁護人　証人におたずねします。被告人は小さい頃から乱暴な子でしたか？

証人、首をふりながら。

証人　いいえ、とてもおとなしくて、真面目《まじめ》で何の問題もなかった子です。
事件の知らせを聞いた時、信じられませんでした。
弁護人　被告人は、事件当日、イライラしていたようですが、何か心あたりはありますか。

証人、少しうなだれながら。

証人　はい……。私が経営《けいえい》するレストランで、息子が働いているのですが、こんなダラダラした仕事のしかたではダメだと、きつく叱りつけたので、イライラしていたのではないかと思います。
弁護人　普段《ふだん》から、被告人を追いつめるようなことを言っていたんですか？

証人、天井を見上げ。

証人　…………。はい……。
弁護人　これからあなたは息子さんをどうしようと思っていますか？
証人　きちんと自分が犯した罪を反省して、償《つぐな》ってほしいです。
私も親として息子を監督《かんとく》していこうと思っています。
そして、あまり息子にプレッシャーをかけないように気をつけたいと思います。
弁護人　質問、終わります。

検察官、起立し、証人に近づく。
厳しい口調《くちょう》で、皮肉《ひにく》っぽく。

検察官　証人に聞きます。被害者への見舞金《みまいきん》と治療費《ちりょうひ》、そしてこの裁判費用《さいばんひよう》は、あなたが支払《しはら》っていますね？

証人　はい、その通りです。

検察官　本当に被告人《ひこくにん》が反省しているのであれば、せめて、見舞金《みまいきん》の一部《いちぶ》ぐらいは本人が払《はら》うべきじゃないですか？

証人、必死な様子で。

証人　本当は、息子が全部払うべきです。でも、息子はまだ給料も少なくていっぺんには払えないんです。あとで、少しずつ返すと言っています。

検察官　被告人は、３年前の、結婚や、出産育児にかかる費用も、あなたがすべて、払ってあげていますよね？その後、返済《へんさい》しましたか？

証人、後ずさりしながら。

証人　それは……。おめでたいことなので、……あげたつもりでいます。

検察官、腰に手を当て、首をふりながら。

検察官　過去の借金《しゃっきん》もまだ、返済《へんさい》してもらってないというわけですね。

検察官、威圧的に。

検察官　ところで、あなたは、被告人が子どもの頃から、他人の痛みがわかる人間になるよう、育ててきましたか？

証人、首をかしげ、困ったしぐさ。

証人　…………。

検察官　質問、終わります。

検察官、机に戻り、堂々と座る。

裁判官　それでは証人は、後ろの席にかけてください。被告人、前へ。

被告人、証言台へ。

裁判官　検察側《けんさつがわ》から、論告《ろんこく》・求刑《きゅうけい》を始めてください。

検察官、起立して、しばらく、間をおく。（５秒）

検察官　われわれ、検察側は被告人、『比嘉〇〇』に懲役《ちょうえき》２年の刑《けい》を求めます。（※間、３秒）理由は、被告人は何の罪もない、一般市民《いっぱんしみん》に対して、一方的《いっぽうてき》に暴力をふるい、全治《ぜんち》３ヶ月の大ケガを負わせ、精神的にも苦しめたこと、おわびの手紙を送ったといっても弁護人に聞いて、まねて書いたものであり、また、お金も母親から出してもらうということは、被害者に対して心の底から悪いことをしたという反省がないものと考えられます。そして、近年《きんねん》、若者の犯罪が凶悪化《きょうあくか》しており、このような事件に甘い判決《はんけつ》を下《くだ》すのは社会に悪い影響を与えます。

よってこれらの理由で、懲役《ちょうえき》2年がいいだろうと判断しました。

ですから、くれぐれも厳しい判決をお願いいたします。


検察官、裁判官の方を向いて頭を下げる。

検察官、着席。

裁判官　弁護人側からの最終弁論《さいしゅうべんろん》を始めてください。

弁護人、起立してしばらく、間をおく。（5秒）

弁護人　被告人は現在、自分の犯した罪《つみ》をとても後悔《こうかい》し、心から反省しています。

おわびの手紙を送りたいと先に言ったのは被告人からであり、お金も少しずつ、必ず、返済《へんさい》すると約束しています。今回は生まれて初めての犯罪《はんざい》です。実《じつ》の親もしっかり監督すると証言《しょうげん》し、何よりも心強い妻や子どもがいることから、2度と同じ過《あやま》ちは繰《く》り返さないものと思われます。

よって、少しでも刑を軽くしてくれるよう、お願いいいたします。


弁護人、裁判官の方を向いて頭を下げる。

弁護人、着席。

裁判官　被告人、最後に何か言うことはありますか？

被告人、泣きながら、

被告人　すいません。本当に……、本当にすみませんでした。

裁判官　私から、被告人に聞きたいことがあります。

普通、傷害事件《しょうがいじけん》を起こした人は、たくさんのお金を支払い、仕事も無くして、家族も失《うしな》うといった目にあうのですが、あなたは何も失《うしな》っていない。お金は親が全部払ってくれた。

普通だったらバイトでもクビになるのに、母親のおかげでそのまま就職《しゅうしょく》している。

これで、本当に反省しているのか？　これで許されるのか？

と検察官からきつく言われても仕方がないような気がするんですが、被告人はどう思いますか。


被告人　先のことも深く考えずに行動してしまって。金城さんには一生、謝《あやま》り続けていく覚悟《かくご》です。

僕には息子がいますが、いつもみんなに迷惑をかけていて、親としての自覚《じかく》がありませんでした。

それなのに、みんな、こんな僕を見捨《みす》てないでいてくれて……。

本当に感謝《かんしゃ》の気持ちでいっぱいです。必ず、息子が自慢《じまん》できるような父親になるために、これからは心を入れ替《か》えて仕事に打ち込んで、お金も返していきます。

裁判官　わかりました。

裁判官、姿勢を正す。しばらく、間《ま》をおいて。（5秒間）
毅然《きぜん》とした態度で。

裁判官　それでは、判決《はんけつ》を言い渡します。

全員、姿勢を正す。

裁判官、少し間《ま》をおいて。（5秒間）

裁判官　被告人は、懲役《ちょうえき》1年6ヶ月執行猶予《しっこうゆうよ》3年の刑に処《しょ》します。

執行猶予《しっこうゆうよ》がついたからといって、無罪《むざい》ではありません。

これは立派な有罪判決《ゆうざいはんけつ》です。勘違《かんちが》いしないでください。

3年の間にもし、交通違反《こうつういはん》などの他の罪を犯した場合、その懲役《ちょうえき》と合わせてこの事件の懲役《ちょうえき》も加えられます。

この3年間は心から反省して日々、慎重《しんちょう》に行動してください。


裁判官、目線低く、優しくさとすように。


裁判官　比嘉さん。執行猶予《しっこうゆうよ》3年を無事、終えたら息子さんは6歳で、もうすぐ小学1年生になりますね。

日本国憲法にある、『子どもに普通教育《ふつうきょういく》を受けさせる義務《ぎむ》』を果《は》たさなくてはいけなくなりますよ。

家族を守るために一生懸命働いて、お母さんに心配をかけないよう、うんと親孝行《おやこうこう》してあげてください。いいですね。


裁判官、姿勢を正す。全員、姿勢正す。

裁判官　これで、『事件番号《じけんばんごう》　平成28年（わ）第153号
那覇市で発生した傷害事件《しょうがいじけん》』の裁判を終わります。

廷吏　起立！　礼！

裁判官、六法全書《ろっぽうぜんしょ》をもって退席《たいせき》。

廷吏も、退席《たいせき》。

被告人、弁護人に駆け寄る。弁護人から握手。

検察官、机の上の書類をカバンに入れて、退席《たいせき》。立ち去る際、舞台中央で立ち止まる。被告人・弁護人をきっとにらむ。機敏《きびん》に堂々と退席《たいせき》。

弁護人と被告人、検察官と目を合わさない。

証人、舞台そでから被告人へ駆け寄る。

弁護人、証人に近寄り、握手。


弁護人　これで終わりではありません。

検索側は、控訴《こうそ》してくるだろうから、それに備《そな》えましょう。

のんびりしてはいられません。早く、対策《たいさく》を考えなければ

ば。

刑務官Ａ　お母さんは、これからすぐに、事務所へ移動しましょう！　時間です。失礼いたします。

刑務官Ａ、被告人の両腕を伸ばし手錠《てじょう》をかける。

証人、衝撃で口を手でおさえる。

被告人　お母さん、……ごめんね……。

証人、顔をおさえながら、首をふる。

刑務官Ａ　失礼します。

刑務官Ａ、刑務官Ｂに腰なわをうながす。

刑務官Ｂ　失礼します。

刑務官Ｂ、腰なわを装着《そうちゃく》。

刑務官Ａ、Ｂ、弁護人と証人に敬礼。

刑務官Ａ、被告人に。

刑務官Ａ　行きますよ。

刑務官Ａ、Ｂ、被告人を連行。

被告人、証人の方に振り返ってから舞台下手《しもて》へ。

証人、被告人の後ろ姿を、心配そうにつらそうに、涙をこらえて見送る。

弁護人、証人を促《うなが》し連れて行く。

緞帳《どんちょう》、閉。

（※劇終了と判断し、会場から拍手）傍聴席前列メンバーが先に拍手をし、誘導。

ナビゲーター、上手《かみて》から登場。

照明、ナビゲーターにのみスポットライト。

ナビゲーター　みなさん、待ってください！

観客が静かになってから、

ナビゲーター　気づいていましたか？　みなさんと同じその席で、祈るように裁判のゆくえを見守っていた方々を。

ナビゲーター、観客席前列にいる被害者たちを指さす。

その後、舞台そでにはける。

照明、観客席前列被害者たちにスポット。

被害者側弁護人　金城さん！　今日の判決《はんけつ》は納得《なっとく》しましたか？

被害者（包帯・ガーゼ姿）とその家族、立ち上がり、首を振る。無言。

弁護人、被害者に寄り添う。

被害者側弁護人　次は民事裁判《みんじさいばん》で、被告《ひこく》には、しっかりとお金で責任をとってもらいましょう！

今回の場合、損害賠償金《そんがいばいしょうきん》３００万円は下《くだ》らないでしょう。

民事裁判《みんじさいばん》では、私があなたの弁護人《べんごにん》として闘《たたか》います！

任《まか》せてください！


被害者とその家族、頭を下げる。

家族の１人、被害者側弁護人と握手。

被害者家族　どうか、よろしくお願いします。

照明、暗転。

舞台上手より、ナビゲーター登場。

照明、ナビゲーターにスポットライト。

音響、エンディング。


ナビゲーター、歩きながら、最後は緞帳中央。


ナビゲーター　そう。裁判は、刑事裁判《けいじさいばん》だけではないのです。

民事裁判《みんじさいばん》でも裁《さば》かれるのです。

社会に出れば、故意《こい》であれ、過失《かしつ》であれ、必ず責任がともないます。

平凡《へいぼん》な日常生活《にちじょうせいかつ》の中で、思いがけず、いつ、だれが、加害者《かがいしゃ》となるか、被害者《ひがいしゃ》となるか　わからないのです。

もう、他人事《ひとごと》では済《す》まされない……。（間、３秒）

『無関心《むかんしん》こそ、最大の罪《つみ》』

少しでもみなさんが、何かしら考えるお時間に、なっていただけたのなら、幸《さいわ》いです。


照明、暗転。

ナビゲーター、被害者側弁護人、舞台上へ合流。

カーテンコール。

ゲキブの扉

柴田静香

登場人物

久我　ななこ　3年・演劇部部長
土屋　さき　3年・演劇部副部長
谷口　ゆう　3年・演劇部員
橋本　まあや　3年・美術部部長
二階堂　ひな　3年・パソコン部部長
久我　ゆきな　1年・ななこの妹
青木　3年・生徒会長
小池　あみ　2年・生徒会副会長
近藤　花子　幽霊

音響・チャイム。
演劇の部室。放課後。
不揃いに並べられた机と椅子、下手前に扉、放り投げられた鞄。
演劇部の久我ななこ、土屋さきが難しい顔をして向かい合って座っている。
ちょっと離れたところに同じく難しい顔をして参考書をみている谷口ゆうが座っている。
ななこ・さき大きなため息をつく。

ななこ　どがんしよう……。
さき　……やっぱりかぁ……。
ななこ　……うん。
さき　まぁ、うちら、3年3人だけやし……。
ななこ　うん……。
さき　……部活勧誘も散々やったしね……。
ななこ　……うん……。

ななこ・さき顔をみあわせまた大きなため息をつく。

さき　……廃部かぁ……。
ななこ　うん……来月までに部員が5人に満たない部活は廃部って……うぅ……。
さき　キャプテン会議っていうからなにかとおもえば……。
ななこ　うわぁーーーんっ!!

大きな声で泣き出すななこ。

さき　ちょっと、ななこ、落ち着いて。
ななこ　落ち着けるわけなかやん！　今年こそ……今年こそ全国大会いくんだっ！って決めとったとにーーー!!
ゆう　あはははは。

いきなり笑い出すゆう。

さき　ちょと！　ゆう！
ななこ　なんがおかしかとっ!?
ゆう　あ！　ごめん！　ごめん！　なんでもない！　で？　生徒会長がなんだって？
ななこ　そう！　生徒会長！　もぉーーー！　むかつくとって！　あの堅物！
さき　堅物？
ななこ　青木！
さき　あぁ。

ななこ椅子に座り生徒会長の真似をしだす。
ゆう話を聞きつつまた参考書をみる。

ななこ　『演劇部は3年生だけだから、このままだと来年は廃部確定でしょ？　だったらいま廃部でもよくないですか？』（生徒会長のものまね）って！
さき　うわぁ、むっちゃにとる（笑）。
ななこ　うちは今年こそは全国いくんです！　廃部は困ります！っていったら、ふんってこうばい？　鼻で笑ったとよ！
さき　まぁねぇ？……。
ななこ　ああああぁぁ！　思い出したらまた腹立ってきた!!
さき　いったん落ちつきなって。
ななこ　だって、廃部だよ！　うちらの代で廃部とか……先輩たちになんて言おう……。

ななこ・さきにスポットが当る。
回想。さきが先輩になる。

先輩　私たち卒業しちゃうけど、3人でもがんばって！　新入生いれて！　この伝統ある演劇部を絶対、ぜぇーーーーたいっ、廃部にせんでね！
ななこ　先輩！
先輩　3人だったら大丈夫！　めざせ！　全国！
ななこ　全国！
先輩　じゃぁ、がんばって！
ななこ　せんぱぁ？　い！

明かりがもどる。回想おわる。

ななこ　はぁ？………このままじゃ先輩に合わせる顔がない……。
さき　まぁね？　昔はすごく有名だったらしいしね、この学校の演劇部。
ななこ　そう！　そうなんだよ！……なのに……うぅ。
ゆう　うわぁぁぁぁぁぁぁん！

突然泣きだすゆう。

さき　うわっ！
ななこ　ゆう！　ゆうもやっぱりかなしいよね！
ゆう　ええぇぇぇぇすぅううううう。
ななこ・ゆう　は？
さき　ゆう……。

さき、呆れたようにゆうを見る。

ゆう　やっぱり、マリンフォード編は最高やね！　何回読んでも泣けるっ！　そうおもわん！

ななこ、ゆうから参考書をとる。
その下にワンピース（漫画）をもってたたずむゆう。

ゆう　あ……。
ななこ　……エース……？

ゆう　あ、いや、これはね……、さきが、さっき、ななこが会議いってるとき読んでて！

ゆう、さきにマンガ本をわたす。

さき　はぁっ!?　ちょっと！　巻き込まんでよ！
ゆう　おれたち、仲間だろ！
さき　仲間にせんで！

さき、ゆうにマンガ本をかえす。

ななこ　うるさーい！

静かになる２人。
マンガ本を取り上げるななこ。

ななこ　ぜんっぜん話きてなかったやろ？

さきの後ろに隠れるゆう。

ゆう　きいとったって！　船の仲間ば後２人ふやさんばとやろ？
さき　ワンピースから離れようか！　うちからも離れて！

ななこから逃げようとするゆう。

ゆう　あ！　ねぇ！　ななこの妹は？
ななこ　え？
さき　あぁ！　ゆきなちゃん！　たしか、今年から１年生やったよね？
ゆう　めっちゃ、仲よかったよね？
さき　そうそう、いっつもななこの後ろついてまわってさ、絶対演劇部入ると思っとったけど……。
ゆう　……そういえば、最近遊びにいってても見らんね。
ななこ　……あぁ……え……と。
さき　喧嘩でもした？
ななこ　いや、喧嘩はしてないとけど……ゆきなはお父さんと住んどるけんさ。
さき・ゆう　え？
ななこ　あぁ……別居中？　近くにはおるとよ。しょっちゅう行き来しよるし。
さき　そうなんだ……。
ななこ　ごめん、だまってて、なんとなくいいだせんでさ。
ゆう　……ごめん。
ななこ　いやいや、気にせんで！　ゆきなとはしょっちゅうラインしよるし。ただ……。
さき　ただ？
ななこ　……。

なにか言いにくそうななこ。

さき　なんかあったと？

ななこ　ううん！　なんでもない！
ゆう　まぁ、いろいろあるよね。
ななこ　そうそう！　だけん別の作戦考えよう！
さき　……そして、振り出しにもどる……。
３人　はぁー。

大きなため息をする３人。

ゆう　やっぱり仲間を増やす航海にでよう！
ななこ・さき　……。

ななこ、さき顔をあわせて大きくため息をする。

ゆう　え？

無言で席につくななことさき、ななこふと下手前にあるドアを見つめる。

ななこ　……開かずの間……。
さき・ゆう　え？
ななこ　ほら！　演劇部のあかずのま！
さき　ああ、ミキ先輩がいいよった演劇部の都市伝説！
ななこ　そう！　この開かずの間には演劇部の伝説が入っとるって！
ゆう　なんやろうね、伝説って。
ななこ　わからんけど、演劇部の危機の時はここを開けたらミラクルが起こるって話！
さき　ミラクルねー。
ゆう　でもさ、開かずの間やろ？　開くと？
さき　……こわす？
ななこ　いやいや、だめやろ！
さき　だってさ？　先輩が先生に鍵のこと聞いたらしいけどだれもわからんらしいよ。
ゆう　じゃあ、だめじゃん。
ななこ　でも、もうこの伝説に頼るしかなくない？　ちょっと怖いけど……。
さき　怖いって言えばさ、もう1個あるやん？　都市伝説！
ゆう　あぁ。開かずの間の幽霊のはなし？
さき　そうそう。春さきになると必ず、この開かずの間から夜な夜な女の子の声が……。
ななこ　もぉぉ！　やめてよ！
さき　あはは、すぐ怖がる。
ゆう　でもさ、みき先輩見たことあるっていってたよね？
さき　そうそう！　１人残って部室でセリフの練習してた時……。
ななこ　さき！　もう！　やめてってば！

いつのまにか、開かずのドアの前にセーラー服をきた女子が立っている。

音響・鈴。

花子　あの。
３人　うわぁぁぁぁ！
ななこ・ゆう・さき　でたー!!!

突然声をかけられて怖がる３人。

花子　あの！

恐る恐る、花子を見るななこ・さき・ゆう。

ななこ　びっくりした！
さき　だれ?!　いつ入ってきた？
花子　驚かせてすみません。私、２年１組の近藤花子です。
さき　……２年１組……。
ゆう　……近藤はなこ……。
ななこ　……転校生？
花子　え？
ななこ　制服違うから。
花子　あ……、そんな感じです。
ゆう　そんなかんじ？
花子　いえ。
さき　転校生がなんかよう？
花子　ここ、演劇部ですよね。
ななこ　そうやけど。
花子　演劇部に入りたいんです。

３人　えっ？
花子　入部希望なんですけど……。
３人　まじでぇぇぇぇぇぇぇ!?
花子　はい。あの、いま大丈夫でしたか？
ななこ　大丈夫、大丈夫！　ぜんっぜん大丈夫！
さき　すわって、すわって！
花子　はい！
ななこ　近藤さん、どこからきたと？　前も演劇部？
あ！　花子って呼んでもいい？
さき　ちょっと、ななこ、いきなりいろいろ聞いたら近藤さんびっくりするよ。
ななこ　あ、そうよね、ごめんうれしくて、つい、あ、わたしは。
花子　部長の久我先輩ですよね。
ななこ　え？
花子　あと、副部長の土屋先輩と谷口先輩。
さき・ゆう　……。
花子　あれ？　ちがいました？
さき　いや、あっとるけど……。
ななこ　……なんで、名前しっとると？
花子　あ、先生に聞いて。
ななこ　そっか。
ゆう　やったね?!　これであと1人！
ななこ　ゆう！
ゆう　あ……。
花子　５人にならないと、廃部になるんですよね？

ななこ　なんでそれ……。
花子　あ、それも先生に聞いて。
ななこ　そうなんだ……ごめんね、せっかく入ってくれたとにこんなんで……。
花子　いえ。
ななこ　でも、大丈夫！　絶対廃部になんかさせんけん！
さき　そうそう！　近藤さん入ってくれたし、残り１人！
ゆう　あと１人ならなんとかなりそうじゃない？
ななこ　これで、開かずの間壊さんですむね（笑）。
花子　開かずの間？
ななこ　そう！　演劇部の都市伝説？　みたいな。
花子　……。
ななこ　この、ドアの向こうに演劇部の伝説がある！って言い伝えでさ！　まぁ、うちたちもよくわからんとけど。
さき　まぁ、もういっこあるけどね……あかずの間から夜な夜な女の子の声が……。
ななこ　もぉぉぉぉぉ！　やめてってば！
ゆう　あははは、もう、怖がりやな。
花子　…………。
さき　花子は幽霊とか信じる？
花子　え？
ななこ　もう！　さき！　やめてってば！
花子　信じます。
ななこ　もう！　花子まで！
ゆう　やっぱり、どうにかしてあけてみる？　そこにはもう１人の演劇部員が……。

ななこ　もぉ?!　くだらんこと言ってないで、残り１人、どうするか考えようよ！
さき　はいはい。
ゆう　怖がりやねー。
ななこ　うるさいな！
さき　どがんする？　やっぱりチラシとか？
ゆう　いまさらじゃなか？
ななこ　うーん。
花子　あの！　演劇部の公演しませんか？
ななこ　え？　演劇部の公演。
花子　はい！
ゆう　……公演かぁー。
さき　部活紹介も散々やったとに……。
ゆう　だだ滑りやったもんね……。
ななこ　あれはゆのせいやろ！
ゆう　なんでよ?!
さき　ゆうに台本書かせたのがそもそもまちがいやったね……。
ななこ　ほぼワンピースごっこやったもんね……。ゴムゴムの?!　ピストル?!!……うぅ、思い出しただけではずい……。
花子　ワンピース？　洋服ですか？
ゆう　えええ！　花子！　ワンピースしらんとっ？
花子　はい。
ゆう　あの国民的アニメを知らないなんて！　あのねワンピースはね！

さき　はいはい！　あんたはだまってなさい！

ななこ　うちたち、今まで先輩だよりでさ、台本も書いたことなくて……でさ、部活紹介で大恥かいちゃってさ。

さき　それに、場所もないし。

花子　ここで、やるんですよ！

ななこ　え？

さき　ここで？

花子　はい！　自分たちセットつくって、小劇場みたいな！

ななこ　小劇場……いいね、なんかおもしろそう！

ゆう　……うん、それいい。

さき　でもさ、台本は？　ここでやるにも音響とか照明とか……人数たりなくない？

ななこ　確かに……。

花子　台本はみんなで考えましょう！　ありものでもいいじゃないですか！　まず、公演やって演劇部の本当の実力みせてやりましょうよ！

ななこ　うちたちの実力……そうだよ！　今までと違うことやって！　みせつけよ！　うちたちの実力ば！

ゆう　うん！　やろう！

花子　やりましょう！　演劇部の公演！　起こしましょう！　みらくる！

ななこ・ゆう・さき　……ミラクル。

花子　そうですよ！　それで、今年こそは行きましょう！　全国！

ななこ　うん。いこう！　全国！

ゆう　……うん！　やろう公演！

やる気になり始めるななこ・ゆう・さき。

さき　そうなるとやっぱり音響とか照明とか、人いるよね……。

ゆう　誰か手伝ってくれんかな。

ななこ　誰かねー。

上手、廊下側から騒がしい声・大泣きしている美術部部長の橋本、橋本をなだめるようにパソコン部部長の二階堂が入ってくる。

橋本　うわぁぁん。

二階堂　もう、いい加減泣きやみなよ……。

橋本　だってぇ……。

ななこ、廊下の騒ぎにきずき上手の方へ。

橋本　ななこぉぉぉぉ！　廃部ぅう！

ななこに泣きつく橋本。

花子　誰ですか？

ゆう　美術部の橋本とパソコン部の二階堂！

花子　美術部とパソコン部……。
さき　もしかして、美術部とパソコン部も？
二階堂　うん。もぉ。橋もっちゃんいい加減泣き止みなよ？
橋本　だって！　廃部ばい！　泣かずにおられんやろ！
しかも、もうマジでムカつ！　あの、カタブツ！
ななこ　確かにあの言い方ほんっと、腹立つよね！『美術部はほとんど活動してないじゃないですか？　だったらもう廃部でも良くないですかぁ？』（生徒会長のものまね）
橋本　めっちゃにとる！　はらたつ！
さき　パソコン部もなんか言われたと？
二階堂　うちの部はさ部員おるにはおるとけどさ……幽霊部員ばっかりで……。
ななこ　あぁ、『名前だけの部員は人数には入れません！半年以上部活に来てない時点で論外です！　認められません！』（生徒会長のものまね）
二階堂　すごい、めっちゃ似てる。
さき　だれ？
二階堂　副会長の小池さん。
さき　あぁ。
二階堂　まぁ、しょうがないかなーって。
さき　あっさりしとるね。
二階堂　どがんもならんしね。
橋本　二階堂！　そがん簡単にあきらめると！
二階堂　だけん、いったん落ち着きなって。

言い合いになる二階堂と橋本。
それを止めようとする、さき、ななこ。花子何かを考えてる。

花子　（急に立ち上がり、大きな声で）手伝ってもらいましょうよ！
ななこ・さき・ゆう　え？
花子　美術部だったら絵上手じゃないですか！　それにパソコン部だと音響とか照明とか！

ななこ・さき・ゆう、3人だけが花子の話をきき うなずく。

3人　いいね、それいい。
ななこ　（大きく）橋もっちゃん！　二階堂！　一緒に演劇公演やんない？
橋本・二階堂　え？
橋本　公演？
ななこ　うん！　部員集めるために、ここで演劇の公演しようって話しよったっちゃん！
ゆう　一緒にやろうよ！
さき　美術部おったら背景と舞台美術お願いできるし！
パソコン部おったら音響とか照明とか！
橋本　面白そう……。
ななこ　やろ！
二階堂　……でも、それ、うちたちにメリットあると？
全員　え？

二階堂　演劇部は公演やって、部員入って、わーいってなるけど、うちたちは手伝っただけやん？
橋本　まぁ、確かに。
さき　それは……。
花子　大丈夫ですよ。大丈夫です。
ななこ　……。

花子の言葉にうなずくななこ。

ななこ　宣伝になるよ！
橋本　宣伝？
さき　そうだよ！　絶対、宣伝になるよ‼
ななこ　演劇部の公演やけど、美術部が絵も書いたりパソコン部が音編集してくれたりしたらそれだけでも全然ちがうよ！　それになにもせんよりましやない？　一緒にがんばろうよ！
さき　そうそう！　好きな絵いっぱいかけるし。
橋本　……そうだよね、なにもしないよりいいかも……。
ゆう　そうだよ！
さき　同じ文化部同士、力合わせて頑張ろうよ！
二階堂　でもなぁ……。

ななこ・さき・ゆうは二階堂と橋本を説得しようとする。
ななこのカバンを持って、生徒会長の青木、副会長の小池が上手からやってくる。

青木　失礼します。
小池　失礼します。
みんな　げ。
小池　げ？
ななこ　生徒会長と副会長が何の用？
青木　何の用？　はぁ。（ため息）久我さん！　生徒会。
小池　（かぶって）久我先輩。生徒会室にこれ、忘れていきましたよね。（かばんを置く）

小池、青木の前にでる。

ななこ　あ。
青木　……小池、かぶってる。
小池　すみません。
さき　嘘やろ？　なんでカバン忘れると。
ななこ　そいだけ、テンパっとったとって！　わざわざ、ありがとうございました！

ななこ、カバンを受け取る。

さき　でも、それだけで、わざわざ2人でこんでもよくない？
青木　まぁ、会長と副会長だから！　副会長が会長についいて。
小池　（かぶって）会長についていくのは当然です。
青木　……小池、かぶってる。

小池　あ、すみません。
ゆう　うける（笑）。
ゆうを睨む青木。ゆう目をそらす。

青木　……ここ、演劇部さんの部室ですよね？　大勢で集まってなんの相談ですか？
ななこ　関係ないやろ。
青木　まぁ、だいたい想像つきますけどね、廃部。
小池　（かぶって）廃部を免れるための相談ですか。
青木　こ・い・け！
小池　あ、すみません。つい。
二階堂　相談してなんか悪かと？
さき　そうだよ！　こっちは急に廃部とか言われてビックリしとるっちゃけん。
橋本　文化部ばっかり目の敵にして！
青木・小池以外　そーだ、そーだ。（口々に文句を言う）
青木　静かに！　これは決定事項です！　今更変更はできません！　それに。
小池　それに、この事は前々から顧問の先生からも話がいっていたはずです。
青木の前にでる小池、大きく咳払いをする青木。
小池気づいて1歩下がる。
青木　とにかく！　今月中に5人に満たなかったら廃部ですから！　では、失礼します。
青木上手にはける。小池振り返って。
小池　決定事項ですから！
念押しして上手にはける小池。

全員　はぁ～。
ゆう　嵐が去った。
さき　なんか、青木さんもけど小池さん？　だっけ？　2年の、あの子もきつくない？
ななこ　ミーティングもあがん感じやったよ。
橋本　何かしら口挟んできたよね。
二階堂　確かに、うち、小池さん苦手。
ゆう　わかる。
ななこ　でも、1番ムカつくのは会長の言い方やけどね。
橋本・二階堂　わかる！
ななこ　あー！　また、腹立ってきた、絶対、ぜーたいっ！　部員増やしてやる！
橋本　……そうよね、やっぱりあきらめきれんよね……。
ななこ　うん！
橋本　うち、手伝う！
さき　橋もっちゃん！
橋本　あ！　手伝うだけけんね！　入るわけじゃなかけんね！

ゆう　わかっとるって！
二階堂　うちも手伝う……。
ななこ　ほんとに?!
二階堂　うん。なんもせんよりましやし……。
ゆう　やった！
橋本　うち、顧問の先生にいってくる！
二階堂　うちも！

橋本、二階堂上手にはける。

さき　やったね！　これでできるじゃん！
花子　よかったですね！
ななこ　これも花子のおかげだよ！
ゆう　だよね！
ななこ　なんか、不思議……。
花子　え？
ななこ　今日、はじめて会ったのに……なんかそんな気しないんだよね。
ゆう　あ！　それわかる！
さき　ずっと、一緒にいた！　みたいな？
花子　……ずっと見てたからね。
ななこ　え？

上手、廊下に人影。
ななこの妹のゆきなが部室を覗いている。
さきが気づく。

さき　あれ、ゆきなちゃんやない？
ななこ　え？

ゆきな、見られていることに気づき、その場を去ろうとする。
ゆきなに気づき、ドアを開けるななこ。

ななこ　ゆきな、どがんしたと？
さき　ゆきなちゃん、久しぶりやね！
ゆきな　こんにちは。

ゆきなを中に促すさきとゆう。

ゆう　本当に久しぶりやねー。
ゆきな　……うん。
さき　どがん？　もう学校にはなれた？
ゆきな　……。
ななこ　ゆきな、本当にどがんしたと？　部室にくるとか。
ゆきな　……お父さんが出張のお土産って。これお姉ちゃんの。
ななこ　ありがとう。……おとうさん、今日も遅いと？
ゆきな　うん。
さき　ゆきなちゃん、なんかあんまり元気ないね。
ゆう　うーん。
花子　ゆきなちゃんは演劇やらないんですかね。

さき　うーん。どうだろー。昔はななこの真似ばっかりしてたけど。
花子　でも、きっとやりたいはずだと思うんですけどね。
さき　うちたちもそう思うけど……。ん？　ゆきちゃんの話したっけ？
花子　あ、いえ。
ゆきな　じゃあね。（出ていこうとする）
ななこ　あ、ゆきな……。
ゆきな　なん？
ななこ　いや、あのさ。
ゆきな　……なん？
ななこ　いや、元気？
ゆきな　しょっちゅうラインしよるやん（笑）。
ななこ　まぁ、そうなんやけど……大丈夫かなと思って……。
ゆきな　……お父さん？
ななこ　え？
ゆきな　お父さんからなんか聞いたと？
ななこ　ちょっと……。
ゆきな　……うちは大丈夫だよ。
ななこ　……でも……。
ゆう　なんの話？
さき　さぁ。
花子　……。
ゆきな　じゃぁ、帰るね。

部室を出ようとするゆきな。

ななこ　ゆきな！

呼び止められ止まるゆきな。

ななこ　……一緒に演劇せん？
ゆきな　え？
ななこ　やろう！　一緒に！　楽しいよ！　中学入ったら演劇部入るっていいよったやん！　ね！　やろうよ！
さき　そうだよ！　ゆきなちゃん、一緒にやろう！
ゆう　ゆきなちゃん、入ってくれたら5人！　廃部なしっ！
さき　もう！　ゆう！

ななこ、さき、ゆうはハイタッチなどして喜んでいる。ゆきなは乗り気じゃない。

ななこ　ゆきな？
ゆきな　……やだ。
ななこ　ゆきな……。
ゆきな　なんで？　なんでそがんヘラヘラしてられると？
ななこ　……。
ゆきな　……お姉ちゃんのライン……今日、部活でね、今日もさきがね、ゆうがね、毎日、毎日部活のことばっかり！

ななこ　……ゆきな？
ゆきな　うちは、いっつも1人とに！
ななこ　!?
ゆきな　入るわけなかやん！　演劇部なんか！　中学生のくせにワンピースごっことか！
ゆう　ゆきなちゃん！　あれは、フィクションで。
さき　あんたは黙ってなさい！
ゆきな　恥ずかしかっさ!!
ななこ　……。
ゆきな　お姉ちゃんなんか大っきらい!!

ゆきな走って上手にはける。

ゆう　行っちゃった……。
さき　ななこ……なんのあったと？
ななこ　……ゆきな、今、教室入れてないらしいんだ……。
さき・ゆう　え？
ななこ　……理由聞いても、なんも答えないみたいでさ……、お父さんが心配してて……。
ゆう　そっかぁー。
ななこ　……ゆきな、なんでも我慢しちゃうからさ……。
さき　それで、ゆきなちゃん誘うの気まずかったんだ。
ななこ　うん。
ゆう　そうかぁー……。

ななこ・さき・ゆう、ため息をつく。

ななこ　なんか、ごめん、暗くなっちゃって……。
さき　いやいや！　大丈夫！　ね！
ゆう　うん。
花子　……きっと、寂しかったんだと思います。ゆきなちゃん。
ななこ　え？
花子　不安なんですよ、きっと。
ななこ　……。
花子　ゆきなちゃん、お姉ちゃんと一緒に演劇やりたいと思ってますよ、絶対。
ななこ　いや、それはないやろ、恥ずかしいっていわれたし……。
花子　そんなの、本心で思ってませんよ。
ななこ　でも……。
さき　うちも、そう思う。
ななこ　さき……。
さき　だって、あがん仲よかったやん！
ゆう　うん、そうだよ、ななこ。もっかいちゃんと話したら？
ななこ　………でも……。
さき　ななこ、なんでも我慢しちゃうのは、ななこも一緒じゃない？
ななこ　!?
さき　親のことも、ゆきなちゃんのこともうちらにも話せんぐらい悩んどったとやろ？

ゆう　さき……。
ななこ　……。
さき　このままでいいと？
ななこ　よくない！　よくないけど……。
さき　ああ？　もう！　うち、ゆきなちゃん呼んでくる！
ななこ　え？
さき　もっかいちゃんと話ばしようよ！　ね！

さき、上手にはける。

ゆう　ななこ、うちも、ちゃんと話したほうがいいと思うよ。
ななこ　ゆう……。
ゆう　さきは心配してるんだよ、2人のこと。
ななこ　……。
ゆう　ちゃんと話そうよ。ね？

ゆう、さきを追いかけて上手にはける。

ななこ　…………。
花子　……同じだから。
ななこ　え？
花子　自分と同じだから、ゆきなちゃんに居場所作ってあげたいんじゃないですか？
ななこ　……はなこ？
花子　……ずーと、見てた。ここで、ずーと。
ななこ　…………？
花子　演劇、好きですか？
ななこ　え？
花子　演劇。好きですか？
ななこ　うん。
花子　私も、好きです！　すっごく好きです。だから、みんながすごく、羨ましかった。
ななこ　……え？
花子　舞台に立ってるあの瞬間！　スポットあびて自分じゃない誰かを演じるあの瞬間！　すっごく、すっごくすきやった！
ななこ　はなこ？
花子　全国！　行くとやろ？　うちも行きたかった……。
ななこ　花子？　なんばいいよると？　一緒に頑張ろうよ！
花子　あの日、全国大会の前の日、うち、このドアのカギ何処かに落としちゃって下ばっかりみてたから車に気づかなくて……。
ななこ　……。
花子　3人のこともずっと見てたよ！　みんながどれだけ演劇部のこと大事に思ってるか、うちが1番よく知ってる！　だから、ゆきなちゃんにもきっと伝わる！　だけん、諦めんで！　大丈夫やけん！
ななこ　花子ってもしかして。

言いかけたところで、ゆきなを連れてゆうが上手から勢い良く入ってくる。

ゆう　連れてきたー!!

ゆきな　…………。

遅れて、さきも入ってくる。

さき　ちょっと、足、早い。

ゆう　遅いよ！　さき！

さき　…………。

さき、ゆうを睨みつける。逃げるゆう。

ななこ　ゆきな、ごめんね。ゆきなのこと全然考えてなくて。

ゆきな　……。

ななこ　……うちもさ、1年の時、教室入れなかったんだ……。

ゆきな　え……？

ななこ　……お母さんにもお父さんにもゆきなにも言いきれんかった……。家のこともあったし……。

ゆきな　……お姉ちゃん……。

ななこ　でもね、でも、うちには演劇があった。自分じゃない違う自分になれる。自分と同じ演劇を大好きな仲間がいる！　ここが、うちの居場所なんだって！

ゆきな　自分の居場所……。

ななこ　そう！　だけん、なくしたくないし、ゆきなにもわかってほしい……。あんな、恥ずかしとこみせといて、言える立場じゃないってわかっとるっちゃけど……。

ゆきな　……恥ずかしかった…………、お前の姉ちゃん、だせーとか言われて……。

ゆう　あれは、酷かったもんねー。

さき　あんたが書いたんでしょ！

ゆきな　……でも、あんなに笑われても、いろいろ言われても、それでも真剣に演技してるお姉ちゃん、かっこよかった……。すごいなって……。うちも、あんなふうに堂々とした人間になりたいって……。

ななこ　ゆきな……。

ゆきな　寂しかったんだ……。お母さんともお姉ちゃんとも離れて……。

ななこ　ゆきな……。

ゆきな　お姉ちゃん……、恥ずかしいなんて言ってごめん……。

ななこ　ううん、うちもごめんね。

仲直りする2人。

ゆう　よかったね！　仲直り！

さき　ね！

みんなで笑い合う。そこに美術部とパソコン部が上手から入ってくる。

橋本　ただいまー！
二階堂　あれ？　1人増えとる。
さき　ななこの妹のゆきなちゃん！
ゆう　今日から演劇部員だぜー‼
ゆきな　え？　まだ、入るって言っとらん。
ゆう　まぁまあ！　もう、君もこの船の1員だ！
さき　でも、これで、演劇部は5人!!!　廃部は無しっ！
橋本　5人？　4人やろ?!
さき　あぁ、そっか、バタバタで紹介してなかったね、今日さ、2年の転校生が入部してくれてって。あれ？

いつの間にかいなくなってる花子。

さき　さっきまでおったよね？
ゆう　あれ？　花子は？
ななこ　…………。

ゆう・さき、あたりを見回す。

橋本　さっきからなんば言いよると？
二階堂　転校生って何のこと？
さき　いや、いや、おったやろ！　さっき。
ゆう　セーラー服きた女の子！
二階堂　セーラー服？
さき　みきちゃん！　おったよね！　さっき！
ゆきな　え？　うちが来たとき3人やったやん。
さき・ゆう　え？
ななこ　…………。
さき　いやいや、いたんだって！　転校生！
ゆう　2年1組近藤花子！
二階堂　2年にそんな子いたっけ？
橋本　さぁ。

騒ぎだすさきとゆう。
そこに、小池・青木が上手から入ってくる。

青木　失礼します。
小池　失礼します、すみません。言い忘れたことが……。
さき・ゆう　会長ー！　小池さん！
青木　な、なに？
さき　さっき、おったよね！　転校生！
青木　はっ？
ゆう　おったよね！
さき　セーラー服の！
青木　なんの話？
ゆう　だけん！　おったよね！　セーラー　服着た2年1組、近藤花子！
さき　小池さん‼　おるやろ？　2年に転校生！
小池　いませんよ？　転校生。
さき・ゆう　え？
小池　だ・か・ら、転校生なんて、今年はいません！

さき、ゆう固まる。

青木　さっきから何の話をしてるんですか？
ななこ　……ねぇ、そういえば……。みき先輩が見たって言う女の子、セーラー服きて背の高い２つ結びの女の子って言ってたよね……。
ゆう　セーラー服の……。
さき　背の高い……。
ゆう　２つ結びの女の子……。
さき　いやいやいやいや……じゃ、じゃぁ、私たちがあった近藤花子は？
ななこ　春先になると、必ず夜な夜な演劇部の開かず間から女の子の声が……。
ななこ・さき・ゆう　わぁぁぁーーー。

バタバタする部室。

エンディングの曲がかかる。

暗転・幕閉まる。

終わり。

そこまでも

見山沙月・補筆　大綱中学校演劇部

登場人物

件《くだん》
菅原道真
蛙《かわず》　1〜4
狐　1〜4
鳥　1〜4
語り部
刺客　1〜4
人　1〜6
黒子（件）
踊り子　1〜10
太鼓
笛　1・2
鈴の音

1　序章

幕前、鈴の音のなる中、語り部幕前、中央に現れる。（ピンスポット）

下手花道に太鼓、上手花道に笛、鈴。

語り部　さあ、さあ、みなさん、菅原道真公を知っているかな？　才能に優れたせいか学問の神様として有名じゃあ。受験が近づくと合格祈願に行く。そう、京都の北野天満宮、福岡の太宰府天満宮、どちらも菅原道真公をまつっておる。はてと、その天満宮には牛の像がある。何故なんじゃ？　どうして牛の像があるんじゃ？　実はこれには深いわけがある。今日はその菅原道真公と牛にまつわるお話じゃあ。
さあ、物語のはじまりじゃあ、はじまりじゃあ〜。

語り部去っていく。

幕開き。

梅の花がある。そのそばに小高い丘があり、件が覗いている。上手には屋敷がある。

歌が聞こえる。蛙・狐・烏、踊り子たちが歌い、踊る。

♪いろは歌
いろは匂えど散りぬるを
我が世誰ぞ常ならん
有為の奥山今日越えて
浅き夢見しえいもせず

2　邂逅

道真は屋敷の中にいて、梅を見ている。まわりには・蛙・烏・狐がいる。

それを梅の木の陰から布を羽織った牛面の少女が眺めている。道真、少女がいることに気づいている。

道真　今年も、梅が綺麗に咲いたのお。
狐1　綺麗だねえ。
狐2〜4　綺麗だ。
蛙3　あっ！
蛙1　牛面だ。
蛙2・3　牛の面。
蛙4　何故そこにおる。

蛙の声も道真は聞いている。

道真　春はやはり、梅が美しい。

ちらりと少女を見る。

少女、ふ、と顔をそむける。

件　ど、どうせ見えていまい。

少女の呟きを聞き漏らしてはいない道真。
狐と烏も蛙たちの会話に参加する。

狐1　見えていまい、だってサ。
狐2　多分見えてるぞ。あいつは俺らの声もわかるんだ。
狐3　滑稽だな。
狐・蛙・烏　こっけい！　ははは。
件　うるさ～い！
蛙1～4　こわ！
蛙1～4　ひどいやつだ！

道真、その様子をあきれながら見ている。

道真　きれいだあ。美しいの～。

美しい、という言葉に少し反応する少女。

件　う、梅のことだ。あたしのことじゃあない。

少しイライラしている道真。屋敷から出てくる。
直接言うことにする。

道真　おい、そこのおなご。こっちに来たらどうだ。
烏1　ほらやっぱり見えてた！
烏2～4　見えてた。

少女、びくぅっ！　となる。

件　み、見えてるのか……？
道真　見えてる。私が気がつかないと思っていたのか？
木の陰に入ることを隠れるとはいわんよ。
件　あたしが？……、見えるはずないから……。
道真　うん？
件　あたしは、いるはずのないものだから。見えるはずない。特に、殿上人なんかに。
道真　はあ？

少女、意を決したように名乗りをあげる。羽織っていた布を投げ捨て、丘から降りてくる。

件　我が名は件！　牛と人とが交わりし物の怪！　このたびはただ、梅の花を見に立ち寄ったまでである！　もう、ここに用はない！

件、そういって去ろうとする。

道真　おい！

件、ぴたりと立ち止まる。

道真　わしの名は菅原道真！　何故だかは知らんが、物の怪を見ることができる！
件　へェ？
道真　私も半分物の怪みたいなものかもしれん。先祖が河童なのかもしれん。だから、お前を差別したりはせんよ。

件、少し道真を見下したような態度。

件　ふん。

件、黙ってしまう。間。

道真　件と言ったか。
件　ああ。
道真　件はどこから来たのじゃ。
件　人の世の外から。
道真　ほお1度、行ってみたいものだなぁ。
件　……。
道真　件。宿はあるのか？
件　なかったらどうする。
道真　今晩の宿を提供する。もっと話を聞きたい。
件　なに？
道真　泊まっていけ。1人で寝るには広すぎる部屋だ。
件　え。つまり。何だ。おまえは初対面の女子に閨をともにしろと言っているのか。
道真　ん。そういうことになるのか？
件　なるんじゃあないのか？
道真　うむ。大丈夫だ。私は年端のいかない乙女とねんごろになるような男ではないよ。
件　……いいよ。断らせてもらう。
道真　何故。
件　道真。あんた、怖いよ。妖怪なんかより、ずっと。
道真　……お前に手は出さないと誓うぞ？
件　……。そういうことじゃあなく。
道真　じゃあなんだ。
件　物の怪を簡単に信用するな。ふつう、知らないものを泊めたりはしない。あたしは物の怪だ。それをわかって泊める奴は、身を亡ぼすぞ。善意で、身を亡ぼすぞ。
道真　ふむ。まあ、善意で身を滅ぼすも本望よ。悪意で死ぬよりずっといい。
件　そうかい。

件、去ろうとする。

道真　気が向いたら、また来るがいい。いつでももてなそう。どうやら、私はお前が気に入ってしまったらしい。
件　……。来年。
道真　？
件　来年の梅の季節、また来る。どうやら、あたしはここの梅が気に入ってしまったらしい。

件去っていく。鈴の音。

道真　……件と言ったか。あれは何やつだ。梅の花の香りをのせて去っていった。また来年現れてくれるだろうか。

烏1　また来年現れてくれるだろうか……だってよ。

烏2〜4　だってよ。

烏2　心ここにあらずって感じだな。

烏3　素直に言えばいいのに。

烏1　そうだそうだ。

烏2　好きだ。また来てね。って。

烏1・3・4　ははははは。

音楽。四季の歌に合わせ、踊る。

♪四季の歌

春が来て　すみれは咲いて山は笑う
夏になり　五月雨　夕顔　ホトトギス
秋になる　稲穂は垂れて　虫の声
冬が来てお山は真白　皆眠る
春を思いて　月日はめぐる

歌が終わると語り部下手にあらわれ。

語り部　さて1年が過ぎました。そして梅の季節、ここ道真の館も梅の花が咲きました。はたして件は現れるのでしょうか。

♪いろは歌

いろは匂えど散りぬるを
我が世誰ぞ常ならん
有為の奥山今日越えて
浅き夢見しえいもせず

3　牛面

翌年、件は再び現れる。鈴の音。

蛙1〜4　件！　件だ。件が来たぞ〜！　件だ。

道真　来たか。待ちかねていたぞ。来ないかと思ったくらいだ。

件　あたしは約束は守る。

道真　はは。物の怪は信用できんよ。

件、少し寂しそうな仕草をする。

道真、慌てる。

道真　おいおい、物の怪を信用するなと言ったのはお前だろうが！　私はお前の言った通りに申しただけだ。

件　うう。そうなんだけど、そうなんだけどさ、直に言われると傷つくというか……。

道真　お前、そんなに弱いやつだったか〜。

件　弱い……って言われた！

狐1　女心のわからない奴だねェ。
狐2〜4　わからない奴だねェ。
烏1　冗談でも言っていいことと悪いことがあるぞ。
烏2〜4　そうだ。
蛙2　物の怪の心は傷付きやすいんだヨ。
蛙1・3・4　そうだよ。
道真　ああ、もう、黙れ！　面倒くさい奴だ！　ああ、もう、水菓子でも食うか〜。
件　食う……。

件、牛面をはずし食べる。
食べている間に機嫌が直ってくる。

道真　うまいか？
件　うまい。
狐1　ちょろい奴だねェ……。
狐2〜4　ちょろい。

件、うまそうに食べている。
道真、その顔をじっと見つめている。

件　？　あたしの顔がどうかしたのか？
道真　いや。お前、面をはずしていたほうが可愛らしいぞ。うん。普通に可愛らしい。顔は出しておいたほうがいい。
蛙1　口説いた！
蛙2　道真が口説いた。
蛙3・4　口説いた。口説いた。

件、むせる。

道真　？　どうしたんだ？
件　道真。お前は。女たらしか。
道真　？　すまない。何か言ったか？　よく聞こえなかった。
件　……何でもない。なんかもう、馬鹿らしくなってきた……。
烏2　自覚のない女たらし程怖いものはないなぁ……。
烏1・3・4　ないなあ。

道真ぎろっとにらむ。

烏1〜4　こわ！　こわ！
道真　釈然とせんなぁ。
件　道真は梅が好きか？
道真　ああ。春が来れば毎年咲く。春を感じるから、好きだ。
件　春が来れば毎年咲く、ね。あたしも梅が好きだよ。可愛らしくて。
道真　可愛らしいかあ、たしかに、それもある。
件　可愛らしいねえ。
道真　なぁ、件。
件　なんだ、道真。
道真　今日は泊って行け。１人には広すぎる部屋だ。

件　断る。
道真　何故。
件　女たらしは信用できん……じゃなくて。えーっと。あたしは1つのところに留まることが、あんまり好きじゃないんだ。
道真　どうしてもだめか。
件　どうしても。……でも、来年の梅の季節、また来るよ。
道真　春が来れば毎年、か？
件　はは。梅のように、毎年の春、お前のもとへ来よう。
道真　私は、可愛らしい梅が好きだよ。
件　……。

件、牛面を手に取り、顔につける。
だが、思い直して顔の見えるように付け直す。

件　どうやら、あたしも。梅から見える景色が好きなようだ。道真、さらばじゃ。また来年あおう。

件去る。鈴の音。
音楽。四季の歌に合わせ、踊る。

♪四季の歌
春が来て　すみれは咲いて山は笑う
夏になり　五月雨　夕顔　ホトトギス
秋になる　稲穂は垂れて　虫の声
冬が来てお山は真白　皆眠る
春を思いて　月日はめぐる

歌が終わると語り部下手にあらわれ。

語り部　さてまた1年が過ぎました。そして今年の春も……。

♪いろは歌
いろは匂えど散りぬるを
我が世誰ぞ常ならん
有為の奥山今日越えて
浅き夢見しえいもせず

4　刺客

翌年、件は再び現れる。鈴の音。
道真、庭に出ている。蛙・烏・狐もいる。

蛙1〜4　件！　件だ。件が来た。件だ。
道真　来たか。待ちかねていたぞ。来ないかと思ったくらいだ。
件　あたしは約束は守る。
道真　はは。物の怪は信用できんよ。
件　また言ったなあ、はっ、はっ、はっ。
道真　はっ、はっ、はっ。お前が来ると春が来たという感じがするな。
件　美しい梅が咲くと、じゃないのか？
道真　お前は私にとっての梅のようなものだからな。
件　んー……。喜んでいいのか微妙だな。
道真　喜べ。褒めているのだぞ。
狐1　褒めてるの？
狐2　わかんない。
狐3　褒めてるつもりなんだ。
狐4　もっと女心をくすぐる言い方があるだろうにな。
道真　おい。
烏1　道真はそういうところが駄目だからなぁ。
烏2・4　まったく。
烏3　だから女に疎いのさ。
道真　うう……。
件　道真。聞いてくれ！
道真　なんだ。まじめな顔をしてどうした。
件　あのな、あたし、ここに来る途中、梅の香りに誘われて、醍醐天皇の部屋に忍び込んできた。あたしは妖怪だから、天皇には見えないんだ。簡単に忍び込めたぞ。あ、いや、悪いことは何もしてないぞ。入っただけだ。
道真　それで？
件　時平がなにやら道真のことを話していた。
道真　……そうか。
件　うん！　それでな。
道真　もういい。せっかく会えたのだ。楽しい話をしよう？
件　でも時平が。
道真　いいのだ。
件　そうか……そうだな。……あ、そうだ。あそこも梅が綺麗に咲いていたんだ。池にその姿が映っていて、それはそれは見事な眺めだった。
道真　そうか、それは美しいだろうな。

その時、刺客たちが現れ、道真を取り囲む。

道真　何だ。
刺客1　道真、覚悟！

刺客たち、道真に斬りかかる。
道真、切られそうになり倒れる。

件　道真。
件　やあ。

（気合いを入れる）太鼓の音。
刺客たち、吹っ飛ぶ。
刺客たち、今のは何だと思うが、気を取り直してまた、道真に斬りかかる。

件　やあ。

（気合いを入れる）太鼓の音。

刺客たち、またしても吹っ飛ぶ。
鳥・蛙・狐が一斉に刺客たちに襲いかかる。
刺客たち、「痛い、やめろ」等といい刀で追い払うが、おもわぬ敵に結局は退散。
それを見て、動物たち笑う。

件 道真、大丈夫か〜。
道真 ああ……。ありがとう、件。
件 うん……。何だったんだ、さっきのは。道真、命を狙われてるのか？
道真 時平に妬まれていてな。
件 時平……？ そうか、やはり……。
道真 私の出世が気に入らないのであろう。
件 なんで、道真が！ 道真は何も悪いこと、してないのに！……今日は、今日はここに泊まっていく。
道真 いや、今日はもう帰れ。
件 いや。
道真 おまえは一ヶ所にとどまることが嫌いなのであろう。
件 そんなこと言っている場合ではないだろう！
道真 だからこそではないか。また、また刺客が襲ってくるかもわからんのだぞ！
件 そんなこと、どうだっていい。道真はわたしが守るんだ！
道真 きっと怪我なんかではすまない。命を落とすかもしれぬ。
件 でも、
道真 件、お前はもう去れ。
件 去らない。
道真 去れ。
件 去らない！
道真 去れ！
件 去らない！……あたしは道真が危険な目にあうことが何よりも、
道真 私は！ お前が危険な目にあうことが何よりも嫌だ！
件 う、あ……。でも。
道真 枯れた梅など見たくもない。……だから、来年の春、美しい梅を咲かせてくれ。
件 ……必ず。必ず、だからお前も……。
道真 ああ。

件、ためらうが、去る。鈴の音。
道真、1人ため息をつく。

道真 ……梅よ必ず……。

暗転。

明転。

語り部 それからまた1年がたとうとしています。道真の館では、なにやら不穏な動きが……。

5　決意

梅の花はつぼみになっている。
道真、静かにつぼみの梅を眺めている。まわりに狐・蛙・烏がいる。

道真　もうすぐ梅の季節だなあ。件は今年も来るだろうか。……さてと、わしも出かけるとするか。
蛙1　道真。どうしても行かねばならぬのか。
道真　この梅が見られなくなるのは無念だが、仕方あるまい。
蛙2　せめて、この梅が咲くまでは……。
蛙3　そうだよ、件が来るまでは……。
道真　……東風《こち》吹かば匂いおこせよ梅の花主なしとて春な忘れそ。

もう1度梅を見、すっと去る。

蛙・狐・烏　道真‼
狐1　道真が置いていったんだ。(屋敷に置いてあった短冊を狐2に渡す)
狐2　東風吹かば匂いおこせよ梅の花主なしとて春な忘れそ……。

暗転。
明転。梅の花が咲いている。
蛙・狐・烏が寂しそうにしている。
しばらくして、件が出てくる。鈴の音。

件　道真！

動物たち、件をちらっと見るが無視。

件　どうした？
狐1　お前のせいだ、おまえが余計なことをしたせいだ。そのせいで不気味がられた。
件　え……？　道真は……？
烏1　いないよ。
件　し、し、死んだのか……？
烏1　死んではいない。でも……。もう、会えないよ。件のせいで！
件　なんで。
烏1・4　太宰府。
件　え。
烏1　太宰府に、送られたんだ……。会いに行こうにも、遠すぎる。
蛙1〜4　途中で足が腐ってしまう。
狐1〜4　途中で腰が曲ってしまう。
烏1〜4　途中で羽が折れてしまう。

烏1　会えないんだ……。
件　なんで、あたしのせい……？
蛙1　おまえ、天皇の部屋に入っただろ。知られてたんだ、よりによって時平に。
蛙4　時平は、道真の才能が怖かった。それで天皇に告げ口をした。あなたの命を狙って忍び込んだ輩がいますよ、ってね。
件　あたし、命を狙ったわけじゃ……。
烏1　そんなことは関係ない。忍び込んだことだけが問題なんだから。本当に馬鹿な真似をしたものだ！
蛙1　しかも、刺客が襲ってきたとき、見えないものが道真を守った。
狐1　見えないもの、わからないもの、怪しいもの、つまり、物の怪が。
狐1　これで、道真は物の怪と通じる怪しい輩になってしまったってわけサ。
件　あたしが……。
烏1　そう。お前のせい。お前のせいで道真は天皇の信用を無くしたのだ。もう2度と、右大臣になることはないだろうね。
件　あ、ああ、道真……ごめんなさい……ッ！
狐1　もう……終わったことだよ。道真はね、去る前におまえに詩を詠んでいたんだよ。
狐2　これ道真が残していったんだ。（短冊を狐1に渡す）
狐1　東風吹かば匂いおこせよ梅の花主なしとて春な忘れそ。
蛙3　おい、どういう意味だ？
蛙4　う～ん？　梅よ、わたしがいなくなっても、忘れないで風にのって匂いを届けておくれ……ってことじゃないか？
蛙3　道真さ。件のこと、梅って言ってたから。
狐2　本当、最後まで、女心のわからない奴だよ……。
件　……あたし、行く。
狐1～4　へ？
件　太宰府に、行く。
狐1　言ったはずだヨ、遠すぎるって。
件　あたし、春を忘れてない。あたし、毎年の春、道真のところに行くって約束した！
狐2　だが、太宰府は遠い。おまえの足では無理じゃ。
件　行く！　道真に謝らなきゃ、会って、会って……ッ！
狐3　やめろ！　無茶をするな。
件　だって、だって、梅の花を道真は待っている。
狐1～4　やめろ！　やめろって！

件、なきくずれる。それを見て。

狐1　……もう、止めないよ……。
狐2　そこまで言うのなら、好きにすればいい。
蛙1　……梅を……。梅を持って行って。（梅の枝を切って渡す）
蛙2　道真はこの梅が大好きだったから。
件　うん、わかった……。行く、行ってくる！　あたしは、道真のもとで……ッ！

件、走り去る。鈴の音。

烏1　件!!
烏2　……あの子はいい子だなぁ。
烏1　ああ。責めすぎたかな。
烏2　いいや。件のせいで道真がいなくなったのは事実だろう。
烏1　だがなぁ。
烏2　しかしなぁ。
烏1　どうにも、嫌いになれんのだ。
烏2　あんなに責めておいて言うようなことでもあるまいが。
狐1　さっきまで、あんなに恨んでたのにねェ。
狐2　あの子に実際恨み言を言ったら、ね。
狐1　自分たちが情けなくなってきちゃったワ。
狐2　あんな女の子に責任をぜぇんぶ押しつけてね。
狐1　ねぇ、アタシたちも、サ。
狐2　太宰府、行けると思うかい？
蛙1　行きたい！
蛙2　会いたい！
蛙3　会う！
蛙1〜4　途中で足が腐っても。
狐1〜4　途中で腰が曲っても。
烏1〜4　途中で羽が折れても。
狐・蛙・烏　さあ、行こう！

動物たち、太宰府へ。
暗転。（中割幕閉じる）

6　飛梅

人々、中割幕の前で。（この間に太宰府天満宮をつくる）
件（黒子）布を羽織って、梅の枝を持って必死に客席の間を走っている。
件の姿は人には見えない。手に持つ梅の花だけが浮いているように見える。
舞台上に人々。人々は呆然とつぶやく。

人1　あっ梅が。
人2・4・6　梅？。
人3　梅が浮いている。
人2・4・6　梅？。
人5　梅が飛んでる……。

人々ストップモーション。
件（黒子）は道真のことを考えている。息も切れ切れに立ち止まってしまう。

件（音声のみ）　東風吹かば匂いおこせよ梅の花主なしとて

春な忘れそ。何だよ、それ。何なんだよ。主なしとてって。いつ。あんたが。あたしの主人に。なったっていうんだ。なしとてって。なんで。何も言わずに。いなくなるの。あたしのこと、恨んでる？　恨んでる？　恨んで……る。恨んでるんだろうなぁ……。道真ぇ……。

疲れ切った件を心配する人はいない。
だが、１人がつぶやく。
人々、ストップモーション解除。

人１　なあ、わしはこんな歌を聞いたことがあるんじゃが、確か？……心だに誠の道にかなひなば祈らずとても神や守らむ。
人２　なんだぁ、そりゃあ。
人４　この間都落ちした右大臣の詠んだ歌サ。
件（音声のみ）　道真！
人６　あはは、そりゃあいい。祈らずとも神は等しくわれらなんかも守ってくれるってぇことだろう？

人々ストップモーション。

件（音声のみ）　違う。道真は、そんな浅いこと、詠まない。神が守っているからって慢心せず、正しい道を歩むことが大事、ってことだろ？

人々、ストップモーション解除。

人６　へへ。詠んだ本人のことは守っちゃあくれなかったみてぇだがなぁ。

人々笑いながら去っていく。

件（音声のみ）　道真。道真を守るのは神様なんかじゃない。守るのは……。

件、気分を入れ替える。

件（音声のみ）　たとえ道真があたしを恨んでいても、あたしはあたしの正しいと思った道を行く。神様、あたしは祈らない。祈らなくても、たどり着くから。

再び、件（黒子）客席を走り去っていく。
動物たち舞台上に出てくる。
動物たちも、走っている。

狐１　あの子を追いかけて。
烏２　おい、狐～。
狐１　アタシはもう無理だワ。女の足じゃあねえ。
烏１　何を言うか！　幼い蛙らも頑張って走っとるんだぞ！
狐１　その蛙も限界だわよ。
烏１　件が大丈夫なら、お前も……！

狐1　蛙。あんたたち、まだ走れる？
蛙1　大丈夫。
蛙2　うん！
蛙3　ダメ……。
狐1　じゃあ、アタシたちは休んでから行くワ。
蛙1　先行ってるからね？
蛙2　絶対に、来てね？
蛙3　うん、ごめんね。遅れるや。
烏1　必ずだぞ。
烏2　来なかったら、恨むからな！
蛙1〜4　足が腐っても！
狐1〜4　腰が曲っても！
烏1〜4　途中で羽が折れても。
狐・蛙・烏　たどり着いてやるんだから！

暗転。（中割幕が開く）

明転。
ここは太宰府天満宮。（中央に石垣、上手に屋敷）

7　再会

件、太宰府にたどり着く。鈴の音。

件　太宰府……ここが、道真の……。道真ッ！　道真〜！
いないのか？　道真！　件だ！　件が来たぞ！

返事はない。

件　道真……？　梅が咲いたぞ！

烏と蛙１・２が息を切らして登場。

蛙1　件！
件　蛙！　烏も！　来たんだ！……狐は？　あと、蛙も足りない……。
烏1　あとから来るさ。
蛙2　約束したから！
件　そう、そうか！　来るんだな、よかった……。
烏2　道真は？
件　……わからない。呼んではみたんだけど……。

その時、道真がふらふらと登場。

道真　お前ら！
件　道真ッ！

道真、駆け寄る。道真ふらつく。

烏1　大丈夫か？
道真　大丈夫だ。ちょっと、ここの水がわしにはあわんようだ。……お前ら、なぜ来たのだ。遠かったろうに！
私は今生の別れのつもりであの歌を詠んだのだぞ、面目
丸つぶれではないか！

蛙2　そんなこと知るもんか！

道真　本当に、どうして来たんだ……。体がいくつあっても足りんような距離なのに……！　歩いてきたんだろう？　つらかったろうに……！

蛙2　歩いてきたんじゃないよ！

蛙1　走ってきたんだ！

道真　ああ、お前ら、馬鹿か！

烏2　馬鹿でいい。

道真　本当に、馬鹿だ……！

烏1　息災だったか！

蛙1　会いたかったぁ！

蛙2　同じく！

烏2　心配したのだぞ！

件　……。

道真　件。わたしがここに来たのは、お前のせいではない。

件　……！

道真　恨んで、ないよ。

件　……うん。

道真　また会えて嬉しいぞ。

件　うん？……梅、持ってきたんだ。。

道真　美しいなあ。ありがとう。

件　……うん……。

道真　今年も、お前が来た。

件　……うん……！

途中で狐1～4と蛙3が登場。

狐1　ついた！

烏1　よくぞ！

蛙3　約束、したから……！

道真　みんなよく来た。本当によく来た。そうだ！　ここ太宰府にも梅の花を植えよう。

動物たち　うん！

道真　さすれば、春になれば、春になれば、梅の香りがいっぱいで……。

動物たち　うん！

道真　よし、今日は皆の再会を祝して、祝宴だ！　祝宴だ！

動物たち　うん！

歌い踊る。

♪いろは歌
いろは匂えど散りぬるを
我が世誰ぞ常ならん
有為の奥山今日越えて
浅き夢見しえいもせず

暗転。

8　死別

明転。（道真と件は座っている）そのまわりに、蛙・烏・狐。

道真　時平は、どうしているだろうね。
件　どうした、いきなり。
道真　いや、ふと、ね。
件　ふぅん。でも、道真をひどい目に合わせた奴のことなんか考えるなよ。気が沈むだけだぞ。
道真　そうだな。でもなあ、最近、よく考えてしまうのだよ。
件　時平は許せないよ。でも、あいつのことで気をもむのも癪に障る。考えないのが1番なんだ。
道真　ははは、件は強い。
件　へへ。
狐1　件もしたたかになったものだねェ。
烏1　我が子を見ているみたいじゃないか、狐。
狐1　そんなんじゃ、ないサ。
蛙3　件もしたたかになったものだねぇ！
狐2　オヤ蛙、あんたは件よりも年下だろゥ？
蛙3　へん、だ！
烏2　はは、蛙はまだまだ子どもだァな。
蛙1　子どもなのはこいつだけだよ！
蛙2　一緒にしないで！
道真　私から見れば、蛙はみんな子どもだがな。
蛙2　道真まで！
狐1　なぁ烏。件を我が子のように見ているのはアタシじゃなくて道真じゃないかイ？
烏1　おお、たしかに。
件　道真はあたしの父親か！
狐2　どちらかというと爺じゃあ……。
道真　失礼な！
蛙1　おじいちゃん！
蛙2　おじいちゃん！
蛙3　老いぼれ！
道真　失礼な！
件　お、老いぼれ……ッ……ククッ。
道真　おい、件まで！
烏2　大丈夫だ、道真。年長者のほうが人に敬われるぞ。
道真　お前らは敬ってくれるのか？
烏2　残念ながら、俺らは人じゃないのでね？
道真　え、私、虐められてる？
件　あはははははははははは！
烏1　おい、だれか件を止めてやれ。笑い死にするぞ。
狐1　くすぐれば？
蛙1　やる！

蛙、件をくすぐる。

蛙2　悪化したよ？
蛙3　大丈夫？
件　心配するくらいならやめてぇ！

蛙1　はい。
蛙2　わかった。
蛙3　わからない！

蛙3だけやめない。

狐1　ごめんごめん、アタシが悪かった。もうやめてあげて。もう虫の息だから。
件　ごーひゅーごーひゅー……。
烏2　虫の息というか、獣の域だな。
件　がるるるるる……。
蛙3　こわ！

件、蛙3にとびかかる。
勿論ふざけてである。
周りは笑っている。件と蛙3も笑う。
だが、道真が急にふらりと倒れる。

狐1　道真！
件　道真！
狐1　道真、どうした！
狐1　ひどい熱だ！
烏1　薬、薬は！
道真　いらん……。
件　道真！
道真　わかるのだ……ここが私の寿命だと……。

蛙1　違う！　まだだ！　まだ寿命などでは……！
蛙2　ただ風邪をひいただけだよ！
道真　藤原時平が……目の奥に居るのだ……。
件　時平が……？
道真　ああ、時平が……告げるのだ。死ぬ、と……。勝ち誇った顔で言うのだ……。
件　幻覚だよ、道真。
道真　恨めしい。
件　え？
道真　どうしようもなく、恨めしい！
件　道真……。
道真　件、すまない……私は、悪意で死ぬようだ……。それが悔しくてならないのだ！
件　死ぬな！　道真！
道真　お前らみんな、私の梅だったよ……。
狐1　ありがとう……。
蛙1　本当に、女心のわからない奴だヨ、あんたは……。
烏1　まったくだ。では、別れか……。
件　何でみんな、道真が死ぬみたいに……！
蛙1　さよなら……。
狐1　さよなら……。
蛙1　……さよなら……ッ！
件　蛙まで……！
道真　東風吹かば匂いおこせよ梅の花主なしとて春な忘れそ！

道真、こと切れる。

件　道真……。

動物たち、泣く。
暗転。

明転。
件、1人道真のもとで、いろは歌を歌う。涙が混じり、ところどころ止まりながら、歌う。

件　道真〜。どうして死んでしまったんだ、私を置いて。無念だったんだろうなあ。

件、立ち上がる。

件　藤原時平……わたしが、わたしが時平に復讐する。

太鼓の音と共に、件、石垣の上に登る。
件にサイドスポット。

件　道真よ、お前は神になれ‼　神になって、民衆の、民衆の力となれ！

太鼓の音。
暗転。

9　結末

明転。（人々1・2がいる、そこに人々が集まってくる）

人1　おい、聞いたか。道真の左遷に荷担した藤原菅根《ふじわらのすがね》が死んだらしいぞ。
人2　道真のたたりだ。
人3　おい聞いたか。今度は時平が病に倒れたらしいぞ。
人4　陰陽師《おんみょうし》の祈祷も聞かないらしいぞ。
人2　道真のたたりだ。
人5　今度は醍醐天皇の命まで……たたりに違いない。
人6　道真の怨霊は凄いな。しかも藤原家一族がことごとく落雷にやられたらしいぞ。
人2　無実の罪が、怨念となって現れたんだ。
人1　悪いことはできないなあ。恐ろしや恐ろしや。

人々去っていく。
件、石垣の上に現れ。（サイドスポット）

件　道真〜。道真〜。道真よ。神になれ、神になれ！　神となって、神となって……うおおお。

落雷。
暗転。

明転。（静けさ）語り部現れる。蛙、烏、狐が石垣の下にいる。いろは歌。（フルートの音）

語り部　どうして太宰府天満宮に牛の像があるか知ってるかい？　それはね……。

石垣の上に道真と件がいる。

狐1〜4　道真は神になった。
蛙1〜4　学問の神様だ。天神様だ。
烏1〜4　そして今、道真のそばには梅の花。
狐1　牛の像が置かれている。
蛙1　牛面の少女。
烏1　人と牛とが交わりし物の怪。
蛙・烏・狐　件！

動物たち、一斉に道真と件を見る。
件と道真にサイドスポット。

件　あたしは、道真のもとで咲く！

道真と件シルエット。

音楽とともに幕が下りる。

『そこまでも』　上演のてびき

作者　見山紗月

修学旅行で北野天満宮を訪れた時、「心だに　誠の道にかなひなば　いのらずとても　神やまもらむ」という歌に出会いました。菅原道真の物語を描こうと思ったのはそのときです。この物語を通して、もっと道真に興味をもっていただけたのなら、幸せに思います。題名の元となった「海ならず　たたへる水の底までも　きよき心は　月ぞてらさむ」という歌で締めさせていただきます。

宮良佳男（大綱中学外部指導講師）

この作品は、見山紗月さんが中学3年の時に書いた作品です。神奈川県中学校創作脚本コンテストで最優秀を受賞した作品を大綱中学校演劇部で補筆して作品に仕上げました。2場（京都と福岡）から構成されています。そのため、中割幕などを利用し、場面転換に工夫が必要です。大綱中学では、客席を利用して演じました。また、歌や踊りがあります。作品を華やかにするためにも振り付けなどにも取り組んでほしいと思います。上演時間は約45分、歌を減らすことで40分以内で上演が可能です。ぜひ、たくさんの学校で、この作品を工夫して演じてほしいと願っています。

※上演に関しての問い合わせ　横浜市立大綱中学校

いろは歌

「そこまでも」挿入歌

作詞　詠人不詳
作曲　佐藤ゆかり

四季の歌

「そこまでも」挿入歌

作詞　西原　篤子
作曲　佐藤ゆかり

冥界のスープ

西沢遥輝・補筆　大綱中学校演劇部

登場人物

サチコ　中学2年。いじめられていた。復讐しようとしている。スープを飲むか飲まないか迷っている。

ボランティア　今までに何度もスープを飲まずに出て行っている。やってくるときの年齢はいつも20代くらい。「いい人さん」と呼ばれる。

金持ちになりたい男（成金男）　20代後半。2度目に来るときは成金。「マッチ売りの少年」と呼ばれる。

冥界の人1　女。20代。空気を読まない。

冥界の人1　女。30代。しっかり者。

冥界の人1　おじいさん。

冥界の人1　男。20代。新入り。

冥界の人5　女。おばさん。自分の事は若いと思っている。

冥界の人6　男。40代。普段は明るいが、厳しいところもある。

おばあさん　スープを配っている。一応、飲むことをオススメしている。

戦争で死んだ人1～3　男。

戦争で死んだ人4～6　女。

記者1　ボランティア1回目の回想シーンに登場。ボランティアと一緒に取材をしている。

記者2　ボランティア1回目の回想シーンに登場。ボランティアと一緒に取材をしている。

金持ち父　金持ちになりたい男の1回目の回想シーンに登場。

金持ち子　金持ちになりたい男の1回目の回想シーンに登場。

デモ隊1～10　10人くらい。ボランティア2回目の回想シーンに登場。ボランティアと一緒にデモをしている。

警察官1・2　2人くらい。ボランティア2回目の回想シーンに登場。デモ隊を押さえようとする。

社員1　金持ちになりたい男の2回目の回想シーンに登場。

社員2　金持ちになりたい男の2回目の回想シーンに登場。

いじめっ子　女。50代。過去にサチコをいじめた。

明るい音楽。
幕が開く。
行列ができていて、おばあさんがスープを配っている。そのまわりには、宴会のようにして座り込んで、スープを飲みながら話している人々。明るく、ワイワイした感じ。

おばあさん さあ、おいしいスープだよ～。
冥界の人1 ほら、あんただって飲んでみな。
冥界の人6 そんな生きていた頃の事なんてさっさと忘れちまえよ。このスープうまいぞ～。（一口飲む）あ～。
冥界の人4 あっ本当だ。すっごく、おいしいですね。気に入った～なんかいい気分になりませんか。
冥界の人2 そうよ。私たちがここでスープを飲んで、生きていたころのことは忘れるの。
冥界の人1 そう。このスープを飲むと、すべて忘れるのよ。嫌なことも、辛かったことも、みんな。
冥界の人3 ここで「休憩」するんじゃろう。前世のことは忘れて、体力をつけたら、再び次の人生を歩み始めるんじゃ。
冥界の人4 それにしても、うまいですねえ～。このスープは。
冥界の人2 気持ちまですっきりして、何か元気がわいてくるでしょ。

楽しそうに話し続ける。暗い表情でサチコ（中学生）が歩いてくる。冥界の人2が寄っていって話しかける。

冥界の人1 あの子見覚えないね。
冥界の人5 中学生っぽいよー。死んじゃったんだね。まだ若いのにかわいそうにね。
冥界の人3 なに言っとるんじゃ。ワシにとってはあんたらも充分若いぞ。

冥界の人2はサチコを座らせる。話しかけている様子。

冥界の人2 どうしたんでしょうね。
冥界の人4 何か暗い過去でもあったんですかねえ。
冥界の人々 う～ん？

冥界の人2がサチコに話しかけるが、その後、戻ってくる。

冥界の人6 どうしたんだい？　あの子。
冥界の人5 知り合い？
冥界の人2 ううん、知らない子よ。気になったんで話しかけたんだけど……。
冥界の人3 なんで死んだんじゃ。
冥界の人1 何か言ってた。
冥界の人2 何も話してくれないのよ。
冥界の人3 何かつらいことがあったんじゃろうか。
冥界の人1 スープ飲むの、すすめた方がいいんじゃない？

冥界の人6　そうだな。辛いことは早く忘れた方がいい。

人々の話はサチコに聞こえている。

冥界の人2　ねえ、誰か話しかけなくっちゃ。
冥界の人1　あんな子に？　なんか、こわーい。
冥界の人5　私はムリ。
冥界の人1　うちだって、ヤダー。
冥界の人4　僕で良ければ、いきましょうか？
冥界の人5　え？　男じゃねー。話しづらいでしょ。
冥界の人1　じゃあ、やっぱりじゃんけん。
冥界の人5　なんか、ジャンケンってのは、盛り上がっちゃうわね！
冥界の人1　よーし！（大きい声で）誰があの暗くて話しかけにくい女の子の所に行くか、じゃんけんだー！
冥界の人2　しー！　聞こえるよ！

サチコの様子をうかがう。

冥界の人3　ふうー。良かったのう。聞こえとらんようじゃ。
サチコ　聞こえてますよ。
冥界の人々　え？
サチコ　いいんです。別に。死ぬ前もいつも邪魔者扱いで、慣れてますから。

冥界の人2　邪魔者扱いだなんて、そんなこと言わないでよー。きっと、つらいことがあったんだね。
冥界の人4　もう安心です。スープを飲めば全て忘れられますよ。
冥界の人3　このスープは凄い力があるんじゃ。
冥界の人5　嫌なことはすべて忘れなさい。
冥界の人6　そうだぞ、はいどうぞ。

サチコ、受け取るが飲まない。

冥界の人1　どうしたっていうの？
サチコ　このスープを飲んだら、全て忘れてしまうんですか？
冥界の人5　そうよ。
サチコ　じゃあ、やめときます。自殺する前のことは忘れたくないので。
冥界の人2　えっ、自殺って……。
冥界の人1　自分で死ぬってことよ。（妙にシリアスに）
冥界の人2　それは、わかってる！　でもどうして自殺なんてしたのが私は聞こうとして……。

サチコ、うつむいてしまう。

冥界の人2　あ、話したくないんだったらいいのよ。
サチコ　いえ。話したくない訳じゃないんです。よくあることかもしれないけど、私、いじめられてたというか。友達との人間関係がうまくいってなかったんです。
冥界の人6　なるほどねー。
冥界の人々は反応に困っている感じ。
サチコ　先生や親に相談も出来なくて。
冥界の人6　それでつらくて自ら死を選んだってわけか。
冥界の人3　若い女性は、恐ろしいのー。
冥界の人1・2　何ですって？
冥界の人5　何ですって？
冥界の人6　いやいや、あなたは若い女性ではないですよ。
（5にむかって）
冥界の人5　私が若い男性に見えるということかしら？
（ふざけている感じで）
冥界の人1　いやいや……若くはないってことっしょ。
冥界の人3　だから、あなたは、おばさんってこと。
冥界の人5　失礼な奴らだな！（少しふざけた感じ）
冥界の人2　まあ、まあ、けんかはやめなさいって。
冥界の人5　ふん。
サチコ　あの……。
冥界の人2　ん？　どうしたの？
サチコ　ここからまた次の人生のために生れるには、どうしたらいいんでしょうか。
冥界の人1　えー、もういっちゃうの？
冥界の人3　その扉の向こうじゃ。
サチコ　あの扉ですか？
冥界の人6　そうだよ。
冥界の人2　ところであなた、なんでスープを飲まないの？
冥界の人4　自殺したなんてつらいことは忘れた方がいいと思うんだけど……。
サチコ　別に、つらいことじゃないです。
冥界の人5　え？
サチコ　私をいじめていた人が後悔すればいいなーって。……私、死ぬ前にいじめた人の事を書いた遺書を残してきたんです。
冥界の人5　若い子は、怖いことをするなあ。
サチコ　だって、だって許せないでしょ。私はこんなに苦しんでいたのに、その人たちは笑って………だから、忘れたくない。これからその人たちが、どんな後悔をしたか見届けて……。（にやっと笑う）
冥界の人5　気持ちはわかるがなあ？
冥界の人々　……。（気まずい感じ）
そこに戦争で死んだ人1・2が入ってくる。
戦争で死んだ人1　おーい、こっちみてーだぞー。
戦争で死んだ人2　あっ、本当だ。なんかうまそーなにおいがするな。
戦争で死んだ人3～6が、どやどやとみんなで入ってくる。そこに紛れて、ボランティアも入ってくる。

冥界の人1　何？　何？　急に!!
冥界の人3　なにやら、たくさん入ってきたのう。
戦争で死んだ人3　あ、あのスープか、いいにおいだなあ。
冥界の人6　何だ？　何だ？
おばあさん　さあ、スープをどうぞ。

戦争で死んだ人々は早速、スープを受け取る。

戦争で死んだ人4　（サチコに気づいて）あら、どうも。
サチコ　（礼をする）……あの、どうしてこんなに1度に？
戦争で死んだ人4　ああ、戦争よ。
戦争で死んだ人1　まいっちゃったよ。
戦争で死んだ人2　内戦が始まっちゃってさ。
戦争で死んだ人3　みんな、仲良く暮らしていたのに。急にですよ。
戦争で死んだ人5　私たちの住んでた村にも爆弾がドッカーンって落ちちゃって。
戦争で死んだ人6　あっという間だよ。
戦争で死んだ人4　むなしいねえ。
サチコ　そう……それは。
冥界の人2　ここに今来た人たち、みんなですか？
戦争で死んだ人5　そうよ。もー、みーんな同じ村の人たちよ。大変だったわー。
戦争で死んだ人4・5　ねー。
戦争で死んだ人3　おい、もうスープ飲んだか？　すっげー、うめーな。
戦争で死んだ人1　（飲む）何だこりゃ？

どれどれ、などと言って、みんな飲む。口々に「おいしい！」などと言う。
ボランティアは1人スープを飲まずに座ってぼーっとしている。

戦争で死んだ人6　（おばあさんに向かって）ごちそうさまでした。
戦争で死んだ人2　うまかったぜー。
戦争で死んだ人5　あー、おいしかった。
戦争で死んだ人4　そろそろ行きましょうか。
戦争で死んだ人1　そうするか。
戦争で死んだ人2　おーい、みんな行くぜ！
戦争で死んだ人3　出口はどこだ？
おばあさん　あそこのドアじゃ。
戦争で死んだ人3　おう、ばあさん、サンキュー。こっちだってよ。
冥界の人3　次は平和に暮らすんじゃぞ、祈っとるよ!!

戦争で死んだ人々、ワイワイ言いながら出て行く。
ボランティアも人々と一緒に足早に去ろうとする。（休憩せずに来世に生まれようとしている）
おばあさん、ボランティアの人に呼びかける。

あばあさん　おや、久しぶりじゃな、「いい人さん」
冥界の人5　あ、ほんとだ「いい人さん」
サチコ　「いい人さん」？
冥界の人3　そう、「いい人さん」何度もここに来ているからあだ名を付けたんじゃ。
冥界の人6　ああ、名前がないと呼びにくいからね。
冥界の人5　生まれ変わったら、名前が変わっちゃうでしょ。
冥界の人4　いつもボランティアしてる人だから、あだなは「いい人さん」ですか。
サチコ　へぇー。
おばあさん　スープはいらんかね？「いい人さん」
冥界の人5　まあ、あんたもちょっくら休んで行きなさい。
ボランティアの人　けっこうです。そのー、「いい人さん」って言い方やめてもらいますか。
あばあさん　ごめん、ごめん、でもいいことしてる人なんじゃから「いい人さん」がええじゃろ。
ボランティアの人　まあ、どうでもいいですけど。私は、いいことしたくてしてるんじゃなくて‼
あばあさん　まあまあ、そんな怒らんで、怒らんで。スープでも飲んだらどうじゃ。
冥界の人2　心が疲れているって言ってるよ。
冥界の人3　そうじゃ「いい人さん」。おまえは数え切れないぐらいここにやってきて、その度にスープを飲まずに出て行ってしまうんじゃからのー。たまには飲んだらどうじゃ。
ボランティアの人　あなたたち、何もわかっていない！私たちが生きてきた世界ではどれだけの人が苦しんでるか知ってるの⁉
冥界の人々　……。
ボランティアの人　あ～まだ助けられない。もっと頑張らなくちゃ。苦しんでいる人々がたくさんいるのよ。早くまた生まれ変わって少しでも助けなければならないのに。こうしている間にもたくさんの人々が苦しんでいるのよ！
冥界の人6　おまえはいっつもそうだな。過去を引きずっているんじゃやないか？
あばあさん　このスープを飲めば、新しい人生が開けると私は思うんだがね。まあ、忘れたくないのなら、それもいいけど。
サチコ　ところで「いい人さん」。今度はどうして死んでしまったのですか？
冥界の人1　どうせ、いつもと同じようなことでしょ。
冥界の人5　戦争に巻き込まれたとか。
冥界の人2　伝染病に自分もかかっちゃったとか。
ボランティアの人　まあ、だいたいそんな感じです。私は戦争が続いている国で取材を続けていて。取材を始めて3ヶ月くらいたっていたと思うんですが。

回想シーン。

ボランティアの人がいる。2人の男がボランティアの人を追いかけるようにして入ってくる。2人は取材のためのカメラやノートを持っている。
サイレンの音が遠くから聞こえる。

記者1　本当にあんな場所に行くのか⁉　いくらなんでも危険すぎるだろう！
ボランティアの人　いいえ、私は危険な目にあっても、必ずこのことを伝えなければならないの！
記者1　あの……でも……爆撃機がどんどん飛んできます。
記者2　なんだと！
記者1　やはり今は逃げなければなりませんよ！

3人の前を、5人ぐらいの人が逃げていく。
爆撃機が近づいてくる音。

ボランティアの人　ではあなたたちは2人で逃げたらどう？　私はこのまま、取材を続ける。
記者2　もう、人の意見を聞かないんだから。おい、逃げるぞ。
記者1　でも……。（ボランティアの人の方を見る）
記者2　構うな。あんな所に突っ立って、殺せと言ってるようなもんだ。……逃げよう。

記者1・2、走り去る。

ボランティアの人　苦労してやっとここまで来られたに。今やめたら台無しじゃない。

5人ぐらいの人が逃げていく。
ボランティアの人は、逃げていく様子を見ている。
爆弾が落ちてくる。
ボランティアの人、逃げている人たちは倒れる。
回想シーン終わり、もとの場面に。冥界の人々はボランティアの人の話を聞いている。

ボランティア　私は人々を助けることも、人々の苦しみを伝えることさえも出来なかった。私は何の役に立つことも出来なかった！
サチコ　そうですか。悔しかったんですね。でも私はあなたは凄いと思います。人のためにそうやって頑張って。
ボランティア　ありがとう。でもね、役に立たなければ、同じよ。生きてる意味がないわ。
サチコ　生きてる意味？
ボランティア　そう、何のために生きてるか……ただ、何となく、食べて、寝て、楽しんで、それじゃ生きてるって言えないでしょ？
冥界の人6　生きている意味かあ？　そうかもしれませんね。
ボランティア　だから……この前世の記憶は絶対に忘れてはいけないのよ！　しっかり記憶に刻み込んだまま、また生まれ変わるの！　そして私は頑張るの。わかる？　だから、私はスープは決して飲まないし、こんな所で休んでいるわけにはいかないの！

冥界の人5　そんな焦らず休んでから行きなさいよ！

サチコ　え、ちょっと待ってください。

ボランティアは無視して走り去ってしまう。人々は無言。

冥界の人2　いや、今回はまだ長かった方だったと思いますけど。

冥界の人6　「いい人さん」、もう行っちまったな。

冥界の人1　どうせ、すぐ来るでしょ。

人々は元いた場所に戻り、またスープを飲み始める。また会話がはじまって、ワイワイと明るい雰囲気に戻りつつある。

サチコ　ああやって、スープを飲まない人もけっこういるんですか？

冥界の人2　うーん。ほとんどの人はスープを飲むのよ。でもね、まれに前世を忘れないという人がいて、そういう人がスープを飲まずにあそこの扉から来世に旅立つの。

サチコ　あの扉の向こう側？　どうなってるんですか？

冥界の人3　わしらには、分からん。ここにおるものは、皆スープを飲んでおるからの、ここに来る前の記憶は全て消えてしまっておる。

あたりを見回して。

サチコ　そうですか……あ、あのおばあさんも知らないんでしょうか。

冥界の人3　わしも尋ねたことはあるが、答えてはくれんかったよ。

酔ったようにふらふらした男がやってくる。サチコにぶつかってしまう。

サチコ　キャッ。誰？

金持ちになりたい男　ああ、すまなかったな。（まわりを見回して）ここは？

冥界の人6　おい、だれだこいつ？

冥界の人々は顔を見合わせて、首をかしげる。

おばあさん　あら、新入りじゃないか。疲れているだろ。まずはスープを飲んでちょっくら休みなさい。ほら。

男はスープを受け取るが、……お皿を床に叩きつけてふらふらと座り込んでしまう。冥界の人々は静まりかえる。

金持ちになりたい男　オレは今、こんなもんじゃ満たされねえんだよ。金だよ、金。金さえあればオレはあんな人生を過ごさなくてすんだんだ。チキショー……。

冥界の人、おそるおそる話しかける。

冥界の人6　このスープを飲めば、つらかった前世だって忘れられるのだよ。ここの人らは、みなスープを飲んだんだ。気分がすっきりするよ。お前さんも……。

金持ちになりたい男　（スープを見つめる）いいや！　つらくて悔しかったからこそ、おぼえておきたいことなんだよ！

サチコ　……あなたの気持ち何となくわかるような気がします。私も、今、あなたと同じようにつらくて悔しい思いでいっぱいです。

金持ちになりたい男　そうかい。お嬢ちゃん、わかってくれるかい。おれは、おれは……。

サチコ　どうしたんですか。何があったんですか。

金持ちになりたい男　オレのうちは貧乏で、子どもの頃から道端でマッチを売って、その日その日を過ごしていた。

回想シーン。

子ども時代の男がマッチを売っている。

金持ちになりたい男（幼少）　マッチ、マッチはいりませんか。

はあ、今日はクリスマスなのに、誰も買ってくれない。

お金持ちの親子が通りかかる。

金持ち子　お父さん、見て見てー。

金持ち父　何だ？

金持ち子　こんな所に男の子がいるー。

金持ち父　ふん、汚い乞食め！（つばを吐く）

金持ち子　きたない、こじきめ！

金持ち父　さあさあ、あんな奴はどうでもいいさ。行くぞ。

金持ち子　うん父さん、今日のパーティーはどんなお食事なの？

金持ち父　そりゃー、七面鳥は特製のものが用意してあるし、おいしいデザートだってたくさんあるぞ。

金持ち子　楽しみだなあ～。

金持ち父　はっ、はっ、はっ。

お金持ちの親子行ってしまう。

金持ちになりたい男（幼少）　何だよ！　汚いのは、お前らの方だ。１枚しかない服に、つばなんか吐いて!!

ああ、寒い、寒いよ。そうだ、１本、１本だけなら……。

（マッチをつける）ああ、目の前にごちそうがたくさんある。（マッチ消える）

あと、もう１本だけなら……。

（マッチをつける）おばあちゃんだー。（消える）おばあちゃん！

あと、もう１本だけなら……。

（マッチをつける）やっぱり、おばあちゃんだ。おばあちゃん、助けて。
（マッチをどんどんつける）寒い、寒いよー。

回想シーン、おわり。

冥界の人4　それって……。
冥界の人々　マッチ売りの少女？
冥界の人3　まあ、少年じゃがな。
金持ちになりたい男　でも、オレは大人になるまで生き続けた。ろくな教育も受けられず、マッチを売り続けることしか出来なかった。だいたい、金持ちは何なんだ。七面鳥だの何だの言って。オレだって、金持ちの家に生まれていれば……。
冥界の人5　どうだか。
金持ちになりたい男　そうだ、絶対にそうだ！　次に生まれる時には金持ちに生まれてやる。
サチコ　もし、金持ちの家に生れなかったらどうするんですか。
金持ちになりたい男　オレは絶対金持ちの家に生まれるんだ！

冥界の人々は、男の話はほとんど聞いていない。スープを飲んでいる。

金持ちになりたい男　見てろよ、お前たち！　オレは宝石をいっぱいつけて、立派な服でここに戻ってくるからな！
冥界の人3　もう行くのかい。幸福を祈っとるぞ！　マッチ売りの少年！

走り去る。

冥界の人1　なんか、柄の悪い男でしたね。

ボランティアが入ってくるのに数人が気づき、ちらちらとそちらを見ている。

おばあさん　おや、「いい人さん」もう死んだのかい。今回は早いもんだね。
冥界の人2　ほんとだ、まだ20年くらいしかたってないじゃない。
サチコ　え？　そんなに？
冥界の人1　そりゃあ、世界が違えば流れる時間も違うでしょ。
サチコ　あっ、はい。

ボランティア、もう、でていこうとしている。

おばあさん　スープは……。
ボランティア　いりません!!
冥界の人6　まあ、そういらいらすんなって。

冥界の人4　スープさえ飲めば楽になれるんですから。
冥界の人2　そうよ。はい。
ボランティア　ごめんなさい。でも、スープはいいです。
冥界の人5　はあ……。
冥界の人2　あなたこれでスープ飲まずに出て行ったの何回目なのよ。
冥界の人3　もう5回はいってるじゃろ。
サチコ　あのー、またボランティアされてたんですか？
ボランティア　うーん。今回はボランティアというか、反対運動というか。
冥界の人5　反対運動？
冥界の人4　"デモ"とか、そういうことですか？
冥界の人2　ああ、それで、意見の違う人とか、警察とかともみ合いになったってことか。
冥界の人3　さてはおぬし、列の先頭でマイクロホンを持って、「反対じゃー」などと叫んでおったな。その後《のち》に……。
冥界の人1　はいはい、じーさん、分かったから。ムダな運動して、ムダ死にしたってことでしょ！
ボランティア　ムダな運動ではなかったけど、ムダ死にだったかもしれないです。
冥界の人々　ええっ?!
冥界の人6　どういうことだよ。

　回想シーン。下手で、デモ隊（ボランティア含めて10人くらい）が、デモをしている。

デモ隊員1　戦争反対！
デモ隊員全員　戦争反対！
デモ隊員1　平和を守れ！
デモ隊員全員　平和を守れ！

　警察官数人がデモを押さえようとして、デモ隊の行く手を遮っている。

デモ隊員1　みんなー、突っ込めー。
デモ隊員全員　わー。

　デモ隊は下手から上手に走っていく。警察官はその勢いに押されて、上手側に移動して、デモ隊警官隊全員、いったんはける。
　ボランティアだけ途中で転んで、置いてきぼりに。慌てて、起き上がろうとしている。

デモ隊員1　おい、このままだとまずいぞ。
デモ隊員2　いったんもどれー。

　上手側からデモ隊があらわれる。

デモ隊員全員　わー。

　デモ隊は上手から下手に移動。途中、転んでいるボランティアに気づかず、みんなでボランティアを踏みつけて走る。

回想シーン、おわり。

冥界の人1　確かに、ムダ死に……ね。

冥界の人4　仲間か誰かに踏みつぶされてって。それで、おわり?!

ボランティア　……はい。

サチコ　そんなことで死んだなんて、スープを飲んで忘れた方がいいんじゃないですか？

ボランティア　でも、自分が失敗したことは覚えておきたいし。

冥界の人5　まあ、その気持ちはなんとなく分かるけど……。

冥界の人2　その失敗は記憶しなくてもいいんじゃない。

冥界の人々　だね。（顔を見合わせて）

冥界の人6　気持ちはわかるが……あんたは、正義感が強い。感受性も強い。それではいつまでたっても自分の幸せは来ないんじゃないか。

ボランティア　でも、私の生きている時代に戦争よ。戦争になったら私にも責任があると思わない。

冥界の人1　あなたに責任？

冥界の人3　あんたには責任はないじゃろう？

ボランティア　そうかしら？　生まれる前の戦争は、私には責任はないわ。でも、生まれたあとの戦争よ。後世の人が、あの時代の人が戦争をしたから私たちは不幸になったなんて、思われたくないじゃない。

冥界の人5　そんなことをあんたは考えていたのかい。

ボランティア　そう、自分たちの生きていた時代の責任。生きているって事は、次の時代につなぐって事でしょ。

冥界の人5　まあ、その気持ちはなんとなく分かるけど……。

冥界の人2　その失敗は記憶しなくてもいいんじゃない。

冥界の人々　だね。（顔を見合わせて）

ボランティア、落ち込んでいる。

サチコ　（ボランティアの人の様子に気づく）ああっ、別に絶対にスープ飲んだ方がいいって、言ってるわけじゃないんです。

冥界の人2　いいと思いますよ！　スープ飲まずに次の人生をはじめるのも。（妙に明るく）

冥界の人5　う、うん！　私もそう思うよ。（ぎこちなく）

冥界の人4　僕も、そう思いますよ！（ぎこちなく）

冥界の人6　オレも、もちろん、そう思っているさ！（ぎこちなく）

冥界の人1　まあ、うちも（てきとうに）

冥界の人3　わしもじゃ！（気合いをいれて）

冥界の人々、みんなでボランティアの様子をうかがう。

ボランティア　ありがとうございます。気を使ってくれて。下手な演技をしてでも、私のことを励ましてくれるなんて。
サチコ　確かに「いい人さん」の言うとおり、下手な演技でしたね。
冥界の人々　グサ！
ボランティア　じゃあ、気をとりなおして、行ってきます。
サチコ　行ってらっしゃい。
冥界の人々　……行ってらっしゃーい。

ボランティア出て行く。

冥界の人5　私たちって、そんなに演技下手かしら。
冥界の人3　なんじゃと？　あれは演技じゃったのか。
冥界の人4　おじいさん、あなただけでしたよ、本気だったのは。

身なりがきちんとした男が入ってくる。げっそりして元気がない。

冥界の人6　ずいぶんと疲れてるようじゃないか。
冥界の人5　どうしたの？

成金男ため息。

サチコ　あの……もしかして。
成金男　ああ、前来ましたよ。
冥界の人2　マッチ売りの少年。
成金男　マッチ売りの少年？　私のことですか？
冥界の人1　本当にきちんとお金持ちになって戻ってきたじゃん。
成金男　当たり前です。
冥界の人3　前はあんなに身も心もボロボロって感じだったのにのぉ。
冥界の人5　言うこともきつかったし。
成金男　以前は申し訳ありませんでした。
冥界の人2　いいのいいの。
冥界の人1　それにしても、マッチ売りの少年さん、言葉使いがだいぶ丁寧ね。
冥界の人6　本当、別人のようだね。
成金男　会社の経営をしてたもので。
冥界の人3　ほぉー、社長さんってとこじゃな。
サチコ　今回死んだのは、会社とかと関係があるんですか？
成金男　そうです。医師には働きすぎだとか、ストレスだとか言われて。
冥界の人6　そんなに経営がうまくいかなかったのね。
成金男　いいえ、景気は良かったんですけど、企業っていうのは、景気が良くても、もっと利益を出さなくてはいけないもので。部下も一生懸命やってたんだけどね。つい……。

回想シーン。男の仕事場の様子。

成金男　だから、こんな企画じゃダメだと言っただろう！

（成金男、資料を机に叩きつける）

社員1　でも社長は……。

成金男　言い訳するな。何度言ったら分かるんだ！

社員1　すみません。（頭を下げる）

成金男　会社の足をひっぱる奴は、いらないんだ。今度こそ失敗は許されない。死ぬ気でやれ！

社員1　はい。

成金男　お前もだ!!　こんな奴のことを、ボーッと見てるんじゃない。

成金男部屋から出ていく。

社員1　ああ、本当やになっちゃうぜ。

社員2　こんな会社やめてやろうか。

社員3　だいたい社長、ひどすぎなんだ。

社員2　前に、おまえ殴られただろう。

社員1　ああ。今日はいい方で助かった。

回想シーン、おわり。元に戻りながら、男のセリフ。

成金男　私だって、社員にとって仕事がきつすぎると分かってました。でも利益を出すにはしょうがない。金持ちになるにはしょうがない。

冥界の人5　マッチ売りの少年さんだって、始めは普通の社員のうちの1人だったんでしょ。

冥界の人3　周りの者を押しのけて進んできたんじゃな。マッチ売りの少年よ。

成金男　まあ……はい。

冥界の人1　じゃあ、成金てとこね。

冥界の人2　ちょっと……。

冥界の人1　いいじゃない。望んだ通り金持ちになれたんだから。

成金男　確かに金持ちにはなれたけど……。

サチコ　でも、幸せにはなれなかった。とか……ちがいますか。

成金男　そうです。金持ちになったからって幸せなわけじゃない。

冥界の人4　次はまた貧乏に生れたいってこと？

成金男　いいえ。

冥界の人6　金持ちや貧乏はいやか。

成金男　いいえ。どんな風に生まれても幸せになります。

冥界の人4　おお、なんかかっこいい。

サチコ　スープは飲んでいくんですか？

成金男　ああ、スープは……。飲みます。なにかそれの方がいいような気がします。何もかも忘れて自然に。過去のことを引きずると無理をしそうなので。あるがままに生きます。

成金男スープを受け取る。

おばあさん　本当にいいんじゃな。飲んだからって幸せになるとはかぎらんぞ。これだけは偶然だからな。
成金男　ええ。（意を決して飲む。凄く微笑んだいい顔になる）……おいしい。じゃあ、行ってきます。
冥界の人1・2　いってらっしゃーい。
冥界の人3　気をつけて行ってくるんじゃ。
冥界の人5　元気で戻ってこいよ。
冥界の人2　戻ってこい？　死ねってこと？
成金男　ありがとうございました。
サチコ　幸せになってくださいね、マッチ売りの少年さん！

成金男出て行く。

サチコ　金持ちになっても、貧乏でも幸せにはなれなかった……今度は幸せになれるかしら。
冥界の人3　それは神のみぞ知るじゃ。
冥界の人2　ええ、そうね……。
冥界の人1　そんなことより、私、おなかすいたー。
冥界の人5　スープいただいたら？
冥界の人4　僕もいいですか？
おばあさん　はい、どうぞ。そろそろ、お嬢ちゃんも飲んだらどうじゃ？　悔しい思いなど、どうしようもあるまい。
冥界の人3　これから生き返ったところで、時は過ぎとるんじゃぞ。
サチコ　でも、でもあの人たちのこと、私許せない。

そこにボランティアが入ってくる。
ボランティアとサチコ目が合う。

冥界の人2　あっ！　ひさしぶりー。「いい人さん」
ボランティア　お久しぶりです。あなた、まだいたのね。ずいぶんまよっているようね。
サチコ　こんにちは。
冥界の人6　あんた、その格好。医者にでもなったのか？
ボランティア　そうね。貧しい地域をとびまわる、医者ってとこかな。
冥界の人5　なんだかすごそうじゃない！
冥界の人3　よくわからんがな。
ボランティア　自分のお金では治療が受けられない人々をたくさん助ける仕事よ。
サチコ　いい人さん、また人のため、人のためって生きてきたんですか……。
ボランティア　まあね。特にあの男の子のために。

回想シーン。診療室、ボランティアと男の子が座っている。

ボランティア　もう大丈夫よ。あなたは３日後にはすっかりよくなる。

男の子　ありがとう。
ボランティア　じゃあ、元気でね。
男の子　（ふと悲しそうな表情）
ボランティア　（困ったような表情）……どうしたの？
男の子　ここにおいてくれない。僕、何だってするよ。通訳だって出来るんだから。
ボランティア　それはだめよ。あなたはもう病気が治ったんだから。ここを出て、頑張らなくちゃ。
男の子　僕お医者さんになりたい。先生みたいに、いっぱい人を助けたい。だからここに置いて、先生のところで勉強させて。
ボランティア　困ったわねえ。ここもやっていくのが精一杯なの。あなたを養うわけには……。……そうね。じゃあ、まず1週間だけなら……1週間、私を手伝ってくれる？
男の子　うん！
ボランティア　自分のような医師になりたいって言ってもらえて、本当にうれしかった。結局、私は彼を助手にした。

男の子、白衣を着て、再び登場。


男の子（成長後）　先生、僕、もうすぐ立派な医者になれるんだ。

ボランティア　助手じゃなくて？

男の子（成長後）　違うよ。1人前の医者なんだ。

ボランティア　頑張って、勉強したのね。

男の子（成長後）　みんな、先生のおかげだ。助手にしてくれたのも、学校に行かせてくれたのも。

もう助手じゃなくて、1人の医者としてたくさんの人を助けるね。

ボランティア　そうね。

男の子（成長後）　先生、本当にありがとう。

ボランティア　私こそ、ありがとう。


回想シーン、おわり。もとのスープを配っている場所。

サチコ　それはすばらしいじゃないですか。
ボランティア　私と一緒に困っている人を助けようと活動している人が、増えたの。うれしかったわ。
冥界の人2　あなたが死んでしまった後は？
ボランティア　今でも立派な医者として活躍しているわ。しかも自分と同じような子どもたちに医者の勉強も教えているの。
冥界の人1　へえー。
冥界の人5　治す人が増えれば、苦しむ人は減るものね。
おばあさん　じゃあ、今度は悔いはないじゃろ。
ボランティア　はい、もうありません。やっと私も人のためになりました。
冥界の人6　じゃあ、そろそろスープを飲むか。
ボランティア　はい、いろいろ考えたんですけど、今度は飲もうかなと思っています。

サチコ　どうしてですか。覚えておいた方が、もっと……。
ボランティア　そうかもね。でも私のまいた種は広がっている。満足だわ。そろそろ、すべてをリセットにして、新たな生き甲斐を探すのもいいかなあと思って。

おばあさんスープをわたす。

おばあさん　本当にいいんじゃな。飲んだからって幸せになるとはかぎらんぞ。これだけは偶然だからな。
ボランティア　ええ。（意を決して飲む。凄く微笑んだいい顔になる）……おいしい。じゃあ、行きますね。
サチコ　もう行くんですか？
ボランティア　はい。今までとは違った幸せを求めて。
冥界の人4　さよなら。
ボランティア　（歩いてドアに向かう）
サチコ　絶対に幸せになってくださいね。
ボランティア　（微笑んで、出て行く）

皆、しばらくドアの方をみている。

サチコ　行ってしまいましたね。
冥界の人5　ええ。
冥界の人1　ついにスープも飲んでったし。
冥界の人2　幸せになるといいねえ。
冥界の人6　ああ。

そこへ50代の女性（いじめっ子）がやってくる。やつれた感じである。

冥界の人4　また、新入りが入ってきた。
冥界の人3　（冥界の人5に向かって）あんたと同じおばさんじゃのお。
冥界の人5　なに、いうの。私と比べればはるかに歳がいってるわ。しかも私はおばさんじゃないし。
冥界の人6　は、は、は、まだそんな寝言みたいなこといってるのか。
冥界の人5　何‼
冥界の人6　失敬失敬、娘さん。
冥界の人2　あなた、大丈夫？
冥界の人1　前世でつらいことがあったのかしらね。
冥界の人2　ここで休んで、どうぞ。

イスに座らせる。
サチコを見てはっとする。

いじめっ子　そんなことないわ。もうあれから30年もたっているんですもの。
冥界の人1　どうしたんですか。そんなびっくりして。
いじめっ子　あなたの顔を見たら30年前のことを思い出したの。私は、中学生のころ、１人の女の子を仲間はずれにして、その子を自殺に追い込んだことがあって。そこ子があなたとそっくりで。

冥界の人2　えっ。
冥界の人4　それはもしかしたら……。
いじめっ子　私、そのあと後悔してね。後悔してもその子は戻ってこない。遺書に私の名前も書いてあって、どんなに苦しい思いをしたかわかったの。
冥界の人3　やはり、それは、お嬢ちゃんの事じゃないか？
サチコ　はい、それは多分私のこと。
いじめっ子　えっ、でも。
サチコ　私よ。サチコ……。
いじめっ子　えっ、さちこちゃん、本当に？

うなずく、女をにらみつけて。

サチコ　あなたたちのせいで、あなたたちのせいで、どんなに私が苦しんだかわかる!!
いじめっ子　ごめんなさい、ごめんなさい。
サチコ　学校へ行っても、誰も話しかけてくれない。意地悪もしょっちゅう。何かあると私のせいにさせられて。
いじめっ子　ごめんなさい。私もつらかったの。あなたをいじめることが。でも何もできなくて……。
サチコ　ほんの少し、ほんの少しでも、話しかけてくれればいいじゃない。私1人で、1人で寂しくて……。
いじめっ子　ごめんなさい。今度は私がいじめられるんじゃないかと思って……それで声をかけられなかった。
サチコ　私は、サインを送ったわ。助けてって。でもだれも助けてくれなかった。どんなに苦しかったかあなたわかる？
冥界の人2　まあまあちょっと落ち着いて。
冥界の人5　あなたもここに座りなさい。
冥界の人6　あなたもその後ずっと悩み続けたんじゃないのかい。
いじめっ子　その後、いろんな人の話を聞いて、事の重大さに気づいたわ。でももうどうしようもなくて……サチコちゃんのおかあさんにあやまる事くらいしかできなくて……本当にごめんなさい。
冥界の人3　あんたもずっとそのことを引きずっとったんじゃな。
いじめっ子　……生まれ変われるなら、もう1度やり直せるなら、今度は人の心のわかる人になりたい。あなたを不幸にした分まで、人に優しくしたい。
冥界の人2　こんなに反省しているんだから許してやったらどう。
サチコ　でも……。
冥界の人3　人は苦しみを引きずっちゃいかん。幸せを求めなければ……そうじゃろ。
冥界の人5　マッチ売りの少年もいい人さんも幸せを求めて旅立っていった。
冥界の人6　あんたは人の気持ちがわかる。この人にも幸せになってもらいたいとわたしは思うんだけどね。
サチコ　……そうね。もう終わりにしたい。許してあげるわ。
いじめっ子　さちこちゃん、ありがとう。ありがとう。……。

冥界の人3　さてと、お嬢ちゃん、もうスープを飲んでもいいじゃろ。
サチコ　私も飲みます。恨んでたって仕方ないわ。過去のことはすべて忘れて、幸せを求めて生きていきます。
冥界の人2　そうね。あなたにはきっと幸せが来ると思うよ。
サチコ　おばあさん、スープをちょうだい。
おばあさん　本当にいいんじゃな。飲んだからって幸せになるとはかぎらんぞ。これだけは偶然だからな。
サチコ　ええ。（意を決して飲む。凄く微笑んだいい顔になる）……。
おばあさん　おいしいじゃろ。
サチコ　おいしい。気持ちがすっきりした。おいしいわよ。あなたも飲んでみたら。
いじめっ子　ありがとう。本当においしいわね。
サチコ　じゃあ、私も行ってきます。みなさんお世話になりました。
いじめっ子　私も一緒に行ってもいい。じゃあ、私も行ってきます。みなさんお世話になりました。一緒に行きましょう。（2人、楽しそうに出て行く）
冥界の人1　よかったわね。
冥界の人2　あんなに明るくなってくれて。

異様な音楽と共に暗転。
明転。未来へのドアが中央に来ている。
その前に、マッチ売りの少年、いい人、いじめっ子、サチコが放心状態で並んでいる。

天からの声（マイク）　次はマッチ売りの少年、おまえはー……。（ホリゾントの色がくるくる変わるブルー）不幸じゃな……不幸からのスタートじゃ!!

マッチ売りの少年、グルグルまわりながら、上手へはけていく。
効果音、（赤ちゃんの泣き声）おぎゃーおぎゃー。

天からの声（マイク）　次はいい人、おまえはー……。（ホリゾントの色がくるくる変わるピンク）幸福じゃな……幸福からのスタートじゃ!!

いい人、グルグルまわりながら、上手へはけていく。
効果音、（赤ちゃんの泣き声）おぎゃーおぎゃー。

天からの声（マイク）　次はいじめっ子、おまえはー……。（ホリゾントの色がくるくる変わるブルー）不幸じゃな……不幸からのスタートじゃ!!

いじめっ子、グルグルまわりながら、上手へはけていく。
効果音、（赤ちゃんの泣き声）おぎゃーおぎゃー。

天からの声（マイク）　次はサチコ、おまえはー……。（ホリゾントの色がくるくる変わる）

変わり続ける中……緞帳が下りる……ブルーかピンクかわからないまま、降りたあと。

効果音（赤ちゃんの泣き声）おぎゃーおぎゃーおぎゃー。

終わり。

『冥界のスープ』　上演のてびき

作者　西沢遥輝

この劇は死後の世界「冥界」に主人公のサチコがやってきて、他者の人生を見ているうちに気持ちが変わっていくという「クリスマスキャロル」型の展開です。主にボランティアと金持ちになりたい男の生き方によってサチコの心情が揺れ動くので、それぞれ個性を強く、説得力があるように演じてほしいです。また、2度3度と登場する場合には、毎回どんな人生を歩んでどんな思いを抱いているのかを意識していただければと思います。それとは対照的に冥界の人々や戦争で死んだ人々は陽気なイメージです。ボランティアや金持ちになりたい男の話を聞き、表面上は相づちを打つものの、所詮人ごと。生きていた頃のことを深く考えず、対話は明るくテンポよく表現してください。

この作品は私1人ではなくたくさんの人の思いが詰まっています。みなさんの上演が社会問題について多くの方々が思いをめぐらすきっかけとなれば心からうれしく思います。

宮良佳男（大綱中学外部指導講師）

この作品は、西沢遥輝さんが中学2年の時に書いた作品です。神奈川県中学校創作脚本コンテストで優秀賞を受賞した作品を大綱中学校演劇部で補筆して作品に仕上げました。場面は冥界の一場面ですので、取り組みやすいと思います。回想の場面は、大綱中で演じたときは中央前のスペースを使って演じました。エンディングの場面「天からの声」の場面は、場面づくりに工夫が必要だと思います。大綱中では、暗転中に、出口の扉を中央に移動させ、扉の外での様子を表現しました。上演時間は約40分です。ぜひ、たくさんの学校で、この作品を工夫して演じてほしいと願っています。

※上演に関しての問い合わせ　横浜市立大綱中学校

『アイ』

三浦結衣・潤色　ちかだよしあき

登場人物

皆川　萌　中学2年生
アイ　？？
母　40代前半
桜　中学2年生
舞　中学2年生
かな　中学2年生
立花先生　担任・20代
坂井先生　生徒指導担当
鳳先生　美術教師
彩子　中学2年生

第1場

舞台は、皆川萌（中学2年生）の部屋。ベッドと勉強机、洋服クローゼットとローテーブルが置かれている。クッションや座布団がいくつか……。壁のハンガー掛けには、通っている中学校の制服がかかっている。

幕が開くと、ローテーブルを前にして座っている萌だけに灯りが当たっている。手にはカッターを握りしめている。

【挿入】

萌と同じ学年の、かな・桜・舞の3人が上手に姿を現す。

かな　ねえねえ、桜。今日もいい天気だね！

桜　（空を見て）だね～。

かな　でもちょっと寒すぎ～。朝練なくて良かった～。

桜　確かに。そー言えばさ、あいつ今日も来ないのかな？

かな　（考える）……？

桜　まあ、別に来なくてもいいけど～、邪魔だし。

舞　それな～。心弱すぎっしょ。体調不良とか何とか「立花」言ってたけど、絶対ウソだし。

かな　舞～、「立花先生」でしょ～。まっ、いいけど。って言うかすこ～し、からかっただけなのにさ～！

舞　ほんとほんと！

3人　あはははははははは！（大きく笑う）

3人、笑いながら去る。灯りが変わる。萌の部屋に灯りが入ると、母親がお膳を持って萌の部屋の前にやって来る。少し立ち止まったままじっとしているが笑顔を作ってドアをノックする。

母　おはよう、萌。朝ご飯よ！

萌、ハッと我に帰り、慌ててカッターを机の引き出しにしまい、ドアを開ける。

母　はい。朝ご飯。（お膳を差し出す）

萌　ありがと……。（受け取る）

母　今日はよく眠れた？

萌　……お母さん。

母　え、なに?!

萌　ごめんね……。

母　いいのよ。お母さんは萌が元気でいてくれるだけで。

萌　……じゃ。

萌、お膳を持ったままドアを閉める。

母　あ、萌。ちゃんと食べるのよ。あの……。

母親、言葉に詰まり肩の力を落として去って行く。母親の去りを感じ取った萌は、お膳をテーブルの上に置くと、再び机からカッターを取り出す。

萌　……本当に、ごめんなさい……。

萌、カッターの刃を左の手首に位置すると、決心して持つ手に力を込める。その時、クローゼットの中から「ガタッ、ガタッ」と音がして、萌、ふと音のする方を振り返る。すると、クローゼットの扉がすーっと開き、中からおかしな服装の女の子がお尻から出て来る。萌、カッターを握りしめて立ち上がり、お尻の人物を凝視する。やっとのことでクローゼットから出て来た女の子は、ホッと息を吐き振り返ると、恐怖に固まったまま立ちつくしている萌と目が合う。女の子、カッターに驚いて、

女の子　うわあぁぁぁー！

萌、女の子の大きな声に驚いて、

萌　わあぁぁぁー!!!

女の子、萌の大声に驚いて、

女の子　わあぁぁぁぁー!!
2人　わあぁぁあぁ!!!!!!

2人、驚きで走り回る。2人、ふと立ち止まって、

萌　だ、誰よあなた!?　あたしの部屋で何してるの!!？？

女の子、萌に近寄りながら、

女の子　そんなことより、
萌　ち、近寄らないでよっ！
女の子　なにしてるんですか?!　これは没収です！

女の子、萌の手からカッターを奪い取る。

萌　あっ、ちょっと！

女の子、カッターを机の引き出しにしまう。

萌　あ、あなた、ひょっとしてストーカー?!
女の子　違います！
萌　じ、じゃあ、何なのよっ!!？
女の子　これはこれは、失礼しました。私は「アイ」です。
萌　ア・イ？？
アイ　はい。お久しぶりです。
萌　久しぶりって、私の知り合いには、……あなたみたいな子、居ないんだけど。
アイ　またまた、ご冗談を。
萌　絶対に居ません！
アイ　まあまあ、落ち着いて。良かったらどうぞ。座って話しましょ。
萌　ここは私の部屋です！

アイ、座る。仕方なく萌も座ろうとしたその時、大声に心配した母親が、萌の部屋の前に急いでやって来る。母親、部屋の中に向かって、

母　萌。どうしたの？　何かあったの⁉

萌、アイを気にしつつドアを小さく開ける。

萌　ごめん、何でもないの。
母　ほんとに⁉
萌　（うなずく）……。
母　ならいいけど……。

アイ、机の上の封書を手にして、

アイ　ねえ、これ何ですか〜？
萌　（振り返りながら）静かにしてて。（アイの手の封書に気がつき慌てて）あっ、ちょっと何してるんですか⁉
母　なに⁉　どうしたの⁉

萌、慌ててドアを閉め、

アイ　気になったんで。
萌　（封書を取り返し）気になったって、勝手に触らないで！

母　萌。大丈夫⁉
萌　（ドアに向かって）な、何でもないの、気にしないで！
母　そう……。
アイ　で、それ、なに？
萌　（小声で）黙っててよ！
母　何かあったら、言ってね。
萌　あ、はい。
母　……。

母親、納得がいかないという素振りで去って行く。萌、ドアの向こう側に母親の気配が消えたのを感じ、大きく息を吐き、

萌　もう、何も言わずに帰って頂けますか？
アイ　まだ何も言ってません。
萌　言わなくて結構ですから、あたしの部屋から出て行って下さい！

萌、アイを睨みつける。アイ、萌の視線をかわして、

アイ　まあまあ。いいじゃないですか。
萌　いえ、全然よくないです。
アイ　そうですよねー。全然よくないですよねー。
萌　分かったなら、さっさとお帰り下さい。（ドアへと向かう）
アイ　困りますよね。あなた、私が居たら「自殺」、出来な

いですもんねー。

萌　（驚いて立ち止まり振り返る）……！

アイ　図星ですか？

萌　だ、だったら何だって言うの⁉

アイ　おー、怖い怖い。怒らないで下さいよ～。とって煮て焼いて缶詰にして食おうってわけじゃないんですから。えーと、お名前は？

萌　………。

アイ　さあさあ、お名前は？

萌　（ムッとして大きく）皆川萌。女、中学2年生。血液型はA型で、誕生日は9月25日。成績は、中の上。または上の下、以上！　他に何か⁈

アイ　これはこれは、ご丁寧にどうも。じゃあ、なぜ自殺をしようとしてるんですか？

萌　それは……、生きていくのに疲れたからよ。

アイ　質問を変えましょう。学校に行かなくていいんですか？

萌　別に。今から死ぬつもりなので、行きません。

アイ　なるほど、そうですね。（テーブルのお膳を見て）あ、ご飯、食べないんですか？

萌　食欲がないんで。良かったらどうぞ。

アイ　ほんとですか？（顔を寄せて）ん～、いい匂い！（食べようと身を乗り出すが）やっぱり、やめときます。（すごく残念そうでお膳から目が離せない）

萌　アイさんって変な人ですね。

アイ　そーですか？　あなたと同じですよ。

萌　いいえ、絶対に違います。

アイ　そうかな～？　似たようなもんですよ。お母さんが招き入れたんだから、悪い人ではないみたいですね。アイさんが誰だかは知りませんけど、お母さんが招き入れたんだから、悪い人ではないみたいですね。

アイ　当たり前じゃないですか。私はずっと萌さんを見守って来てるんです。

萌　（小さく笑って）お守りみたいですね。

アイ　その通りです。

萌　何か少し気が楽になったみたい。

アイ　それは何よりですねぇ～。ではズバリお聞きますが、先ほど萌さんは「生きていくのに疲れた」と言っていましたが、一体何があったんですか？

萌　気になりますか？

アイ　はい。教えて下さい。

萌　……いじめです、いじめ。

アイ　いじめ、ですか。

萌　自殺の理由としては、てっぱんでしょ？

アイ　自殺にてっぱんもクソもありません。ご家族はご存じなんですか？

萌　いえ、何も。不登校の理由を聞かれましたけど、何も言ってません。迷惑かけたくないので。

アイ　迷惑かけて欲しいのが親ってもんですけどねぇ。

萌　きっと、反抗期なんですよ。

アイ　まあ、萌さんがそう言うならそうなんでしょうけど、どうしていじめにあってるんですか？

萌　………。

アイ　誰か、相談する人や、助けてくれる人は居ないのですか？
萌　それは……。それは………。……。

萌、彩子との会話を思い出す。

【回想】

灯りが変わる。上手に彩子が現れる。そこに萌が通りかかる。彩子はヘッドホーンで音楽を聴いている。

彩子　萌。
萌　（見て）あ、彩子。
彩子　（ヘッドホーンを外して）最近元気ないようだけど、どーしたの〜？
萌　え……そう？　いつも通りだけど。
彩子　いやー、違うって。何かあるなら相談に乗るよー。ほら〜、この彩子様に話してごらん？
萌　……頼っていいの？
彩子　あたしたち、友達じゃん！で、なに？
萌　助けて、お願い！
彩子　何よ、いきなり。
萌　桜さんのグループからいじめられてるの！
彩子　えっ、桜って萌と同じクラスの桜?!
萌　うん。
彩子　な、何でいじめられてるの？
萌　良く分からない。でも多分、夏休みの中学生絵画コンクールで私が表彰されたからだと思う。その後からだから。
彩子　あー、あれかー。
萌　……？
彩子　ダメじゃん。桜たちよりあたしたち地味グループが目立ったらさ。ターゲットにしてって言ってるようなもんじゃん。
萌　そんなのどうしようもないでしょ。って私のせい？
彩子　じゃあさ、上位グループの人たちに助け求めたら？
萌　ううん。桜さんたちに見張られているから、そんなこと出来ないよ。
彩子　はあ?!　何してんの？　萌バカなの?!　あーあ、最低〜。
萌　な、なにそれ？　私は何にも悪くない！
彩子　次は人のせいにするわけ？「私悪くないアピール」とか。あり得ないんだけど。
萌　そんなっ。……ごめん。謝るから助けて。
彩子　謝ったからなに？ってか、もう無理だから。
萌　もう無理って？
彩子　もう手遅れってこと！
萌　そんな……。
彩子　もっと早く言って欲しかったなぁ。そーすれば何か出来たのにさ。じゃあね、ガンバ。

彩子、去ろうとする。

萌　待って、彩子！　私たち、友達でしょ!?

彩子　（振り返って）はぁ？　ああー、そんなこと言ったけど、今やめるわ。あたしさ、いじめられたくないから。ごめんね。いじめが無くなったら、またこの彩子様が「友達」になってあげるからさ。じゃ、バイバーイ。（去って行く）

萌　ちょっと待ってよ、彩子！　彩子——!!!

　　暗転。
　　ゆっくりと、萌の部屋に灯りが入る。萌は力なく座っている。

アイ　そんなことがあったんですね。

萌　いじめられてるのは、私が目立ってしまったからだと思います。

アイ　目立つ……？

萌　全校集会で表彰されてしまったので。

アイ　表彰されただけで「いじめ」ですかー。いやー、怖いですね。

萌　みんな私が悪いんです。

アイ　何言ってるんですか。萌さんは何も悪くないじゃないですか。

萌　え？

アイ　表彰を受けるってことは、萌さんが優れていて、頑張ったってことですよ。すごいです！

萌　……本当にそう思いますか？

アイ　はい！　萌さんは何も悪くないです！　もし何かあったとしても、それが「いじめ」につながるのは絶対に間違っています！

萌　……ありがとうございます。本当にありがとう。

アイ　（笑いながら）そんな、お礼を言われるようなことはしてませんよ。

萌　やっぱり変な人ですね。うらやましいです。

アイ　だから、同じですよ、萌さんと私は。

萌　そうですか？……最初に助けを求めた彩子って子は、同じクラスで同じグループなんです。でも助けてくれなくて、もっとひどいことに「友達」も止めるって言われました。

アイ　ほんとにひどい！　一緒に居ると自分もいじめられるんじゃないかって、友達を見捨てるなんて！　彩子っていう子の身体に流れてる「血」って何色なんでしょうか!?

萌　（少し微笑んで）あのー、同じ人間ですから「赤」だと思います。

アイ　あ、すみません。つい興奮してしまいました。でも、そんな人っているんですね。

萌　そんなものなんです。自分に害があると分かった途端に離れて行く。「友達じゃん」と口では言っておきながら。とてもショックでした。

アイ　悲しいですね……。

萌　次に相談した人は、……自己満足で私の事なんて考えてくれない人でした。マンガか何かに憧れてるんでしょうね。

アイ　自己満足……マンガに憧れてる……？

萌　すみません。分からないですよね。何て言ったらいいのか、そのー、テリトリーに入って来ると言うか……。

アイ　ああ、はいはい。何となく分かりました。

萌　い、今ので分かるんですか？

アイ　まあ、「あなた」ですから。

萌　それって、「単純」って言いたいんですか？

アイ　（小さく笑って）どう取って頂いても。あのー、答え合わせしていいですか？

萌　あ、はい。私も参加しますか？

アイ　お願いします。

灯りが変わる。萌は、座ったままじっとしている。アイはイメージした人物になって萌の周りを動いている。オーバーに表現する。

アイ　ねえー、アタシってすっごい萌のこと心配してるのー。だから萌のこと教えてー。萌のことせーんぶ。助けられるかもー。へぇー、そうなんだー。大変だったねー、辛かったねー。実はアタシもー、そういう事あってさー。あーいう事もあってー、しかもさー、その時にあんなこともあってー。でもさー、あの時アタシこーしたから。萌もこーしなよー！

萌　あ、……うん。

アイ　よく萌の事知らないけど、こーすればいいから！アタシってほんと友達思いだなー。さっすがっ！　じゃ、またねー、バイビー！

アイ、去ろうとしてストップモーションになる。灯りが戻る。アイ、自分に戻って、

アイ　……って、みたいな感じですか？

萌　はい。そんな感じです。いきなり人の事、根掘り葉掘り聞いて来るんです。

アイ　そして、聞いて来た後は、同情して来るんですよね。

萌　はい。

アイ　はっきり言って、「あんたに何が分かるんだよーっ！」って感じですね。

萌　そうですそうです。そこからは謎の「自分語り」が始まるんです。まるで「あんたの話なんかいらねーよっ！」みたいな。

アイ　とどめは、あーしろこーしろの命令！　本人は親切のつもりで言ってるんでしょうけど。最後はこっちの気持ちも知らずに、やけに満足そうな顔で帰っていくんですよね！

萌　アイさん。

アイ　何ですか？

萌　すごいです！　ここまで完璧に私の心を読んでくれるなんて。

アイ　当然ですよ。いますよね、そういう人。マンガとか小説の読みすぎですかね。主人公が自分語りをするのは、まあ王道ですし。

萌　親切で言ってくれてるので、何も言えないのが辛かったです。
アイ　ところで、何日学校に行ってないのですか？
萌　えーと、先週の木曜日からだから、えーと……、6日です。
アイ　そうですか。（ふと時計を見て）あっ、もうこんな時間！
萌　どうしたんですか？
アイ　そろそろお母さんが様子を見に来るかも知れません。また会いに来ます！　では。
萌　………？

　　アイ、クローゼットの中に去っていく。萌、アイが去った後、不思議そうにクローゼットを開ける。
　　すると、母親がやって来る。ドアの前まで来て、

萌　あれ、いない。……何で？
母　萌ー。ご飯食べ終わった？

　　萌、お膳を持ってドアを開ける。

萌　ごめん。あまりお腹空いてないから。（お膳を差し出す）
母　（受け取って）そう。無理に食べなくてもいいけど、少しは食べないと。
萌　………。
母　あ、明日の午前中、また立花先生が様子を見に来るって電話があったわ。
萌　何でまた？
母　やっぱり萌とちゃんとお話ししたいんだって。
萌　そう……。
母　この間は、会わずに帰ってもらったから、明日はお会いして何か話せるといいわね。
萌　……。
母　生徒と向き合ってくれるいい先生よねー。
萌　ご飯ありがと。夜はいらないから。

　　萌、ドアを閉める。

母　あ、萌！………。

　　母、心配したまま去って行く。萌、ドアに背を向けたまま大きくため息をつく。
　　暗転。
　　引き割り幕が半分ほど閉まる。

第2場

　　翌日。鳥の鳴き声が聞こえている。すると、引き割り幕の開いている下手後ろから、登校する桜とかなと舞がやって

来る。

舞　桜～。もう今日来なかったらさすがにヤバくない？

桜　別に。っていうかライン情報によると、担任の立花、遅れて来るらしいよ。

舞　え？　それって……。

桜　ラッキーじゃん。あいつうるさいし。

舞　でも、クラスのみんなも結構気にしてたし。

かな　舞～。桜だってちょっとからかい過ぎたかなって反省してるんだから言わないの～。

桜　(きつく) かなっ！

かな　あー、ごめんごめん。

桜　別に反省なんてしてないけど。あたしたちにはちゃんと理由があるんだから。いい加減なこと言わないでくれる？

かな　あれ～、そうだっけ～。ごめ～ん、そう見えたからさ。

舞　……あたしら、やっぱ萌に謝った方がいいんじゃない？

桜　何言ってるの、舞？　冗談でしょ！　あれは……。

舞　でもさー……。

かな　っていうか、舞。今日、日直じゃなかったっけ？

舞　あっ、忘れてた！

桜　ったくー、2人とも急ぐよ！

舞と桜、上手前に走って行く。

かな　あ、ちょっと～、あたしを置いて行かないでよ～！

2人を追って、かな、走り去る。灯りが変わる。入れ替わりに、引き割り幕の開いている上手後ろから立花先生がやって来る。少し遅れて坂井先生が姿を見せる。立花先生、振り返り2人に、

立花先生　それでは、これから皆川萌さんの家に行ってきます。

坂井先生　立花先生、頑張って下さい。上手くいくといいですね。

立花先生　そうですね。この前は萌さん、会ってくれなかったんです。

坂井先生　焦りは禁物ですよ。焦らずじっくりと。

立花先生　はい。そのつもりです。

そこに、鳳先生が通りがかる。

鳳先生　立花先生。これからですね、家庭訪問。

立花先生　はい。本当にすみませんが、クラスの事、お願いします。

鳳先生　任せておいて下さい！　安心して行って来て下さい。

立花先生　ありがとうございます。お昼までには必ず戻ります。

鳳先生　慌てなくていいですよ。私、今日は暇だから。

坂井先生　そろそろ授業の準備しないと。
鳳先生　あ、そうね。
立花先生　では、よろしくお願いします。

立花先生、頭を下げると、下手前に去って行く。

2人　行ってらっしゃーい！

2人、上手前袖に向かう。
暗転。
引き割り幕が開く。

第3場

灯りが入ると、そこは萌の部屋。萌は、ベッドの上で丸まって横になっている。
少しして、突然起き上がると、机の引き出しからカッターを取り出して手首を切ろうとして固まる。
すると、アイがクローゼットの中から出て来る。

アイ　おっはようございまーす！　また今日も来てしまいましたって、うわあぁぁぁーーー！
萌　朝早いんですから、騒がないで下さい。って言うか、イリュージョンですか？
アイ　え、何が？
萌　どんな仕掛けで、クローゼットの中から現れることが出来るんですか？
アイ　ああ。私、ここに住んでるんです。
萌　……はあ?!
アイ　そんなことより、また何してるんですか!?
萌　………。
アイ　カッターを置いて下さい！
萌　…………。
アイ　ちょっと、聞いてますか？（大きく）もしもーし！
萌　私、アイさんに感謝してるんです。
アイ　はい？
萌　こんな私のこと、心配してくれて。
アイ　じゃあどうしてまた!?
萌　学校の人たちは何も分かってないんです！　何も変わりません。……もう、疲れました。限界なんです！
アイ　私の思いは、萌さんにはまだ足りないんですね。
萌　そんなことありません。お陰でとても楽になりました。分かってくれる人もいるんだなって。昨日の夜、遺書を書き直しました。
アイ　死ぬなんてやめて下さい！
萌　……。
アイ　死なないで下さい。私は萌さんに生きて欲しいんです！
萌　もうやめて下さい！　私の本当に辛い気持ちなんて、昨日今日会ったアイさんには分からないんですよっ！

……小さな間。

アイ　……ではどうでしょう？　今日だけでいいですから、生きてくれませんか？

萌　今日だけ？

アイ　はい。

萌　……分かりました。じゃあ、今日はやめます。

アイ　良かったー！

萌　その代わり、明日になったら、もう私の邪魔はしないで下さいね。

アイ　まあ、頑張ってみますけど。

萌　（独り言のように）と言うことは、今日、先生に会わないといけないのか……。

アイ　え、今日先生に会うんですか？

萌　午前中に担任の立花先生が来るんです。嫌だな〜。

アイ　そうですかー……。萌さん、こんな言葉知っていますか？『自分の望む未来が見たいなら、自らそれを作り出すことだ』って。

萌　知っています。カッコイイ言葉ですよね。

アイ　私もそう思います。……萌さん。

萌　……？

アイ　あなたは「いじめ」のない未来のために何かしましたか？

萌　それは……。でもずっと必死に耐えて来ました。

アイ　もしかしたら、必死に耐えていれば、その内誰かが手を差しのべてくれるって思ってはいませんか？

萌　えっ？……。

アイ　まるで、小さな子どもが泣いていれば、大人が何とかしてくれる、みたいな。

萌　……。

アイ　それじゃダメでしょう。

萌　だったら、どうすればよかったんですか?!　私に何が出来るんです。助けだって求めました！

アイ　ほー。「私は独りでずっと頑張って来たのー！」って言いたいんですか？

萌　そんなこと……。

アイ　本当にあなたは独りだったんですか？

萌　じゃあ聞きますが、一体、誰が居たって言うんですか?!

アイ　居たじゃないですか。あなたの心の側に、ずっとずーっと！

萌　何言ってるんですか？　意味が分かりません。何も知らないくせに、勝手なこと言わないで！

アイ　私は！……すみません。萌さんを怒らせたいわけじゃないんです。ただ……。

萌　……ただ？

アイ　部屋に引きこもっていたって何も解決しないって思うんです。行動しないと何も変わってはいきません。萌さんだって分かってるはずです。分かっていながら、ただ、逃げてるだけなんじゃないんですか？

萌　逃げてるわけじゃない！

アイ　いいえ！　私には逃げているようにしか見えません！

萌　……。
アイ　逃げたってかまいませんよ。でも、真実から目をそむけて誤魔化そうとしていて向かい合わないから、何も解決しないし、何も変わらないんですよ。
萌　………。
アイ　1歩踏み出して変わりましょう！　萌さんは独りじゃないんですから。
萌　……私、変われ……るの？
アイ　（しっかりと）変われます！
萌　……本当に？
アイ　いじめを乗り越えて、いじめにあう前の楽しくて頑張れる学校生活を取り戻しましょう！　恐れていては何も始まりません。
萌　……。
アイ　私はいつでも傍にいますよ。
萌　……私に、出来るかな……？
アイ　大丈夫！　出来ます！
萌　………。
アイ　さあ、勇気を出して！
萌　……うん。頑張ってみる。
アイ　そうです！　一緒に頑張りましょう！
萌　（恐々と頷く）
アイ　（笑顔で）良かったぁ！

そこに、母親が立花先生を連れて萌の部屋の前にやって来る。ドアをノックして、

母　萌。立花先生がいらしたわよ。

萌、戸惑っている。

アイ　ほらほら、勇気を出して。
萌　……うん。アイさん、傍にいて下さいね。
アイ　はいはい。

萌、ドアを開ける。

立花先生　久しぶり。元気にしてた？
萌　あ、はい。
立花先生　中に入っていいかな？
萌　どうぞ。
立花先生　では、失礼するわね。

立花先生、部屋の中に入る。続いて母親も入ろうとすが、立花先生、振り返って、

立花先生　あのー、お母さま。よろしかったら萌さんと2人だけで話をさせてくれませんか？
母　あ、はい。……分かりました。
立花先生　ありがとうございます。では、後ほど。

立花先生、ドアを閉める。母親、ドアを気にしつつ去って

いく。

萌　ここに座って下さい。

立花先生　ありがとう。（座る）

萌　あ、この人は……。

アイ、萌にしゃべらないでと言うように人差指を口に当てながらベッドの上に座り込む。

立花先生　1週間もお休みしたんで、心配してたのよ。

萌　………。

立花先生　何かあった？

萌　先生。

立花先生　なに？

萌　何も気づいてないんですか？

立花先生　え？

萌　私、学校に行くのが辛いんです。苦痛なんです。

立花先生　どうしてなの？　話してもらえるかな？

萌　……。

立花先生　辛いのは、萌さんだけじゃないんだから、頑張ろうよ！　クラスのみんなも待ってるわよ。

萌　……こうやって引きこもって逃げている自分も嫌です。

立花先生　そう思ってるなら、頑張って学校に出てらっしゃい。

萌　……死にたい、って思ったりもしました。

立花先生　何言ってるの!?　「死ぬ」なんで考えてはいけません！　死んじゃったら何もかも終わっちゃうのよ。喜びも悲しみも、何もかも。分かる？

アイ　あーあ……。（寝っ転がる）

萌　（アイをチラッと見る）……。

立花先生　いろんな人と話しながら助け合いながら、お互い励まし合って頑張ろう！　先生にもいっぱい相談して！

萌　すごいですね。先生みたいに、けなげで生徒思いで、一生懸命でひた向きで、ポジティブな人には、……何も言えません。

立花先生　どういう意味、かしら？

萌　そのままの意味です。

立花先生　そのまま？

萌　先生は「いい」先生ですから、今みたいに弱音を吐いたり相談したら、笑顔で励ましてくれるんですよね。

立花先生　当り前じゃない。萌さんは私にとって大切な生徒なんだから。

アイ　（寝たまま）ほんとに生徒を大切にしてるのかな〜？

萌　先生、いいですか？　壊れた電車を無理に走らせようとしても、ダメなんです。壊れたまま走ったら、爆発するかもしれないし、もっと壊れてしまうんです。

立花先生　どういうこと？

萌　壊れた電車を走らせようと思ったら、まずは直さないといけないんです。何を直すかは人それぞれです。でも、今先生がしているのは壊れた電車を無理やり走らせることなんです。

立花先生　そうね、ごめんなさい。私は萌さんの事、何も分かってないみたいね……。（うつむく）

萌　………。

アイ　（起き上がって）励ますことは大事なことですね。でも萌さんに今必要なことは「親身になって寄り添う」事なんじゃないですか。それは「同情」ではなく、「アドバイス」でもなく、萌さんをひとりの弱い人間と「認める」事だと思います。

萌　でも、先生。嬉しかったです。先生が私の事を考えて下さってることが。

立花先生　相手の「心に響く」、「心に届く」ってとても難しいことね。何回も失敗しても正解がなかなか分からないわ。

萌　「心」ですか。

立花先生　……先生ね、高校生の時にね、実は友達をひとり亡くしているの。自殺だったわ。

萌　えっ……。

立花先生　その子はね、私の1番の親友だったの。色々と悩みを聞いて、私なりに励ましたりもしたんだけど、助けられなかったわ。

萌　どうしてですか？

立花先生　本当には彼女の事、分かってあげられなかったんだと思う。彼女の心に仕舞い込んだ気持ちも、掛けて欲しい言葉も。全部分かったつもりでいい気になってて、本当は何も分かっていなかったのね。

萌　すみません……。

立花先生　えっ？

萌　ごめんなさい。

立花先生　萌さんが謝ることじゃないでしょ。むしろ私の方が謝るわ、ごめんなさい。

萌　謝らないで下さい。私の方がごめんなさいです。

立花先生　そんなこと無いわ。

萌　いいえ、私こそ！

立花先生　（小さく笑って）なんかちょっと安心したわ。でも、もし少しでも学校に出て来れそうだったら、来るのよ。待ってるからね。

萌　はい。

立花先生　今日は、この辺で帰ります。（立ち上がる）あ、また話しに来てもいい？

萌　あ、はい。

立花先生、ニコッとしてドアに向かう。萌、その背中に、

萌　先生。

立花先生　（振り向いて）なに？

萌　ありがとうございました。

立花先生　うん。じゃあね。

萌　さようなら。

立花先生、ドアを開けて去っていく。萌、先生を見送って立ったまま少しじっとしているが、急に崩れて、

萌　はぁー……。
アイ　萌さん！　カッコイイです。しっかり話せたじゃないですか。
萌　アイさんがいてくれたからです。私1人じゃ……。
アイ　今日、生きていてよかったですね。
萌　そうですね。
アイ　立花先生、萌さんに会いに来たのは、もしかしたら、萌さんに、亡くなった友達と同じ道を進んでもらいたくない一心だったのかもしれませんね。
萌　そうかもしれません。
アイ　「壊れた電車」……、その通りだと思います。
萌　ありがとうございます。その後のアイさんの言葉、心に響きました。
アイ　何か照れますね～。……「心に響く」ねー……。そうですか、萌さんに届きましたか。
萌　勿論です。（微笑み）私を生かしてくれたのは、アイさんの言葉や、優しい心です。
アイ　いい笑顔ですね！
萌　何か心から笑ったのは久しぶりです。アイさんのお陰です！
アイ　そんな風に言ってもらえると、嬉しいです！

2人、笑う。

アイ　もう、大丈夫ですね。では、そろそろ私は消えることにします。
萌　え、どうしてですか？
アイ　私は、萌さんに恩返しに来たんです。萌さんがしっかり自分の足で立つことが出来れば、それだけでいいんです。
萌　嫌です！　じゃあ、たまにでいいですから会いに来てくれませんか？
アイ　無理です。
萌　嫌だっ！　絶対嫌です！　だったら前になんか進みません。ずっと引きこもりでいます。
アイ　困りましたねー……。
萌　だって悲し過ぎるじゃないですか。もう会えないなんて。
アイ　いいですか、萌さん。大切なのは「心」です。姿なんて関係ありません。見えなくても私はいつでも萌さんの傍にいます。
萌　私、頑張ろう、変わろうと思えたのはアイさんが居たからなんです……。

萌、涙が込み上げて来る。

アイ　……どうか泣かないで下さい。楽しい2日間でした。
萌　私、アイさんが居なくなったらどうしたらいいの……？
アイ　萌さんの心の隅っこにいつでも居ます！　いつでも私を思って下さい。心の中でいつでも話しかけます。
萌　アイさんの思い、確かに届きました。「心」に響きました。

アイ　本当に良かったです。

萌　では、1つ約束してくれますか？

アイ　何ですか？

萌　もしも私が、怖さで動けなかったら、また独りで絶望して悩んでいたら、変わることが怖くて1歩踏み出せずにいたら、どうか「頑張れ」と背中を押して下さい！お願いします！

アイ　（じっと萌を見つめて）……分かりました。それ位お安いご用です。萌さんが迷っていたら背中を押しに来ます、必ず！

萌　お願いします！　私の心の傍にいつも居てくれるんですよね。

アイ　はい。いつもいつでも傍にいます。……萌さん？

萌　はい？

アイ　お礼を言わせて下さい。本当にありがとうございました。

萌　そんな。こちこそ、ほんとにほんとに、ありがとうございました！

アイ　では、別れの時です。どうか元気で。さようなら。

アイ、別れを告げ一礼するとクローゼットに入って行く。それを寂しそうに見守る萌。アイがクローゼットの中に消え切ると、萌、クローゼットに向かって、

萌　……………。

萌　……私、頑張るね。……ありがとう。さようなら……。

萌、クローゼットに頭を下げたまま動かない。少しすると母親がやって来る。

母　萌。……萌。

萌　（動かず）……。

母親、萌の返事がないことに驚いて慌てて、

母　ごめんなさい、開けるわよ！

母親、ドアを開けて中に入る。クローゼットに頭を下げている萌を見て、

母　どうしたの？　何してるの？　返事しないんだもの。心配するでしょ？

萌　（頭を上げて）アイを見送ってたんだ。

母　アイ？　誰の事？

萌　アイだよ。昨日私の部屋にいきなりやって来た人。お母さんが入れたんでしょ？

母　いいえ、そんな人知らないわよ。

萌　じゃあ、誰なんだろう？　お母さん、心当たりない？

母　さあ、「アイ」と言う人、知り合いにはいないし……。（考えて）あ、そうそう。萌が小さい時、どこからか持って来たキーホルダーの人形のこと覚えてる？

萌　え……どんなやつだっけ……？
母　忘れちゃったの？　いつも大切に持ち歩いてたじゃない。確かその人形の事を「アイ」と呼んでいたと思うんだけど。「あたしと同じだから『アイ』って言う名前なの」って。
萌　……あっ！
母　思い出した？　全然見かけないけど、もう捨てちゃったんじゃないの。
萌　えーと、どうしたっけ……。
母　ところで、萌。立花先生とお話してどうだったのか聞きに来たんだけど、必要なかったみたいね。
萌　なんで？
母　だって、萌の顔、前みたいに明るく見えるわ。きっと何かが萌の中ではじけたのね。
萌　ごめんね、お母さん。迷惑かけて。
母　迷惑だなんて思ってないわよ。
萌　来週の月曜日には、学校行くから安心して。
母　本当に⁉　ああ、でも無理しちゃだめよ。
萌　ううん。無理なんてしてないよ。大丈夫。何かあったら背中押してくれる人がいるから。
母　そう。よかったわ。
萌　夕飯は、下で食べるね。
母　ほんとに！　じゃ、今夜は頑張って萌の大好きな「オムライス」と「から揚げ」作るわね。
萌　楽しみ。いつかいろんなことが解決して、心の整理が出来たら、何があったのか話すね。
母　楽しみにしてるわ。忘れないでね。お母さんは、いつだって萌のことが大好きよ。
萌　うん、知ってる。（微笑む）
母　（微笑んで）じゃあ、行くわね。たまにはお部屋のお掃除しなさい！
萌　はーい。

２人、笑う。

母　じゃあね。

母親、嬉しそうに部屋から出て行き、去る。

第４場

引き割り幕前。チャイムが聞こえ灯りが入ると、立花先生・坂井先生・鳳先生が居る。

立花先生　午前中は、本当にありがとうございました。
鳳先生　いいえ。そんなことより立花先生。特別授業の話、聞いたよ。中には泣きそうな生徒もいたらしいわね。
坂井先生　どんな内容だったんですか？
立花先生　皆川さんと話していたら、学生時代の友達のことを思い出しまして、その事についてちょっと。
坂井先生　それは聞いてみたかったですね。惜しいことをしました。
立花先生　生徒たちの心に届いてくれるといいのですが。
鳳先生　きっと届いてるんじゃないかな。
立花先生　だといいんですけど。
坂井先生　皆川さんも、学校に来てくれるといいですね。
鳳先生　そうだねー。私ね、皆川さんの描く絵、楽しみにしてるんだ。美術の時間にいないと、寂しいのよねー。
立花先生　取り合えず、色々話してみました。上手く心に届くといいのですが……。
坂井先生　信じて待ちましょう！
立花先生　そうですね。待つしかありませんね。
坂井先生　そろそろ生徒たちの下校の時間ですね。
立花先生　そうですね。

立花先生と坂井先生、行こうとする。

鳳先生　あ、立花先生は休んでいて下さいよ。お疲れでしょ？　あたしが行きます。
立花先生　ありがとうございます。あのー……。
鳳先生　え、なに？
立花先生　私、これで良かったんでしょうか？
鳳先生　それは、あたしたちでなくて生徒が決めることだから。でもまあ、よかったんじゃない。あたしはそう思うな。
坂井先生　私も同じ意見です。あんまり独りで悩まずに、もっと私たちを頼って下さい。
鳳先生　坂井先生がおっしゃる通りよ。立花先生は、決して独りじゃない！
立花先生　先生方、ありがとうございます！
坂井先生　ねえ、行かないと。（歩き出す）
鳳先生　そうね。（歩き出す）
立花先生　やっぱりあたしも行きます。

立花先生、２人を追って小走りに去る。
暗転。
灯りが入ると、下校中の桜と舞とかなが歩いている。

舞　なんかさ、今日の立花、いつもと違ってたね。あんな過去があったなんて悲し過ぎるよ。
かな　ほんとそれ〜。「君たちの心に届く事を願います」とかさ、届き過ぎてヤバいんだけど〜。
桜　２人とも、いつまでそれ言ってんの？
かな　だってさ〜、桜は何も感じなかったの〜？
桜　そりゃあ、少しは込み上げるもの、あったけどさ。
かな　やっぱ、届いちゃってんじゃ〜ん。
舞　ねえ、あたし思うんだけどさ。
桜　なに？
舞　やっぱ、あたしたち、もう意地張るのやめて、ちゃんと萌に謝ろうよ。許してくれるかどうか分からないけど、立花……先生の話、聞いてそう思った。
桜　なにバカなこと言ってるの、舞!?　やめてよね。かなはこっち側だよね。

かな　ごめ～ん。あたしも今回は謝った方がいいと思う。ちょっとやり過ぎたよ、あたしたち。

桜　なに、急に、2人とも？　昨日まで笑ってたじゃん。いきなりそう言うのやめてくれる？

かな　だからさ、変わったんだって。今日の話聞いてさー。

舞　桜は、ほんとに何も思ってないの？

桜　……んなわけないじゃん。って言うか、やっぱあたしにもプライドがあるの。2人はないわけ？

舞　あることはあるけど、でもあたしらのプライドなんて、萌には関係ないじゃん。萌をいじめていい理由にはならないよ。

かな　そうだよ。今度萌が学校来たら、3人で謝ろう？ねえ、桜？

桜　だって……だってあれは、あんたら2人が貰えるはずだった「賞」だったんだよ！　それを萌が、萌が横取りしたんだよ！

舞・かな　………。

桜　舞がアイディア出して、かなが絵を描いてさ。すごくいい絵だったじゃん。ラインでクラスのみんなに聞いても、これは学校代表だね、とか、表彰期待してるよって、言ってくれたのに……なのにさ……。

かな　（笑って）桜って優し過ぎ～。あたしたちの事、そんなに考えてくれてたの～？

桜　えっ。

かな　ありがと。でもさ、いいんだ。確かにあの時は悔しくてあんなことしちゃったけど。萌がすご過ぎただけじゃ～ん。あたしには、悔しいけど、あんなに生き生きとした線は描けないなぁ。今度はあたしたち3人で、また来年頑張ればいいじゃん！　1対3なら負けないし～。あたしももっともっと「絵」上手くなるから～。

舞　かなの言う通りだよ。あたしらのこと、そんな風に考えてくれるの、嬉しいけどさ。やり方を間違えちゃったよね。だから、萌に届くように謝ろうよ。

桜　………。

かな　「失ってから気づいても、もう遅い」って先生も言ってたじゃ～ん。謝りたくないだけなんじゃない？

桜　………。

舞　桜。あたし謝らないで、後悔したくないんだ！

桜　………わかったよ。（心の中で決心して）あーもう、2人とも帰るよ！

舞・かな　（笑顔で）うん!!!

3人去る。すると彩子がやって来て3人の去った方を茫然と見つめた後、まるで決心したかのように走り去る。音楽が入り、引き割り幕が開く。

第5場

引き割り幕が開き、灯りが変わると、そこは皆川家の玄関の外、門の手前。月曜日の朝。母親と、制服を着てカバンを担いだ萌が立っている。

母　本当に、大丈夫なの？
萌　うん。大丈夫だよ。
母　もしも体調が悪くなったら、すぐに先生に言って、帰って来るのよ。
萌　もう。本当に大丈夫だって！
母　そう。（カバンにくくりついている人形を見つけて）あら、その人形。
萌　ああ、これ？　部屋の掃除したら見つけたの。クローゼットの隅っこにあったんだ。
母　何か懐かしいわねー。
萌　ずっと昔ね、雨の日の帰り道、公園のベンチの上に落ちてたんだ。私も傘持ってなくて一緒にびしょ濡れで、それで、可哀想だったから持って帰って来たの。その日からこの人形のことを「アイ」と名前を付けて、お守りにしてたの。「アイ」イコール「私」ってこと。
母　そうだったの。ほんとにいつも持ち歩いてたわよね。
萌　うん。……じゃあ、そろそろ行くね。

萌、母親に背を向けて行こうとするが、ふと不安が心を支配して動けない。

母　どうしたの？　やっぱり今日はやめとく？
萌　………。

するとと、萌、カバンに付けた人形に押されるように門の外に出る。
萌、ハッとして人形を手に取り、

萌　（人形に）アイ、ありがとう。……では、
母　………。
萌　……。（笑顔でふり向いて）行ってきまーーす!!!
母　行ってらっしゃい！

不安そうな笑顔で見送る母親。萌、勇気と不安と希望をかかえて、学校に向かって歩き出す。――――。

終演。

嘘象物語

鈴木仁志

登場人物

鈴木颯　中学3年生。演劇部、部長。
　本の世界では福田。
菅谷　動物園の飼育員
渋谷　動物園の飼育員
古賀　動物園の主任
中達　東京都長官大達の部下

トンキー　象
ワンリー　象
ジョン　象
アリ　ライオン
カテリーナ　ライオン

兵隊①　中達の部下
兵隊②　中達の部下
兵曹　中達の部下。森重と同じ顔
　（一人二役）。
先生　演劇部の顧問
後輩①　鈴木の後輩
後輩②　鈴木の後輩
後輩③　鈴木の後輩
森重　鈴木の後輩。兵曹と同じ顔
　（一人二役）。
福田　本当の福田さん

◎…一緒に言う。

第1場　演劇部の部室にて

時代は現代。ある中学校の演劇部の部室。
陽気な音楽。
音楽に合わせて、下手から先生・森重・後輩①・②・③、鈴木が入ってくる。
先生のイス、人形劇のセットが置いてある。
先生はイスに座り、鈴木・森重・後輩①・②・③は人形劇を行う。

鈴木　むかしむかし、東京の上野動物園に3匹の素晴らしい象がいました。その3匹はトンキー、ワンリー、ジョンといいました。3匹は動物園でたくさんの芸をしていました。他の動物たちもいて、動物園にはとてもにぎやかでした。動物園を訪れた人たちは彼らの芸当を見るのが大好きでした。しかし、日本はその当時、戦争中でした。そのため、動物たちを殺さなくてはならなくなりました。最初にジョンが殺されました（バーン）。次にワンリーが殺されました（バーン）。そして、最後にトンキーが殺されました（バーン）。おわり。ご清聴ありがとうございました。

先生　ちょっとちょっと！　この話そんなあっさりとした話じゃないでしょ！

鈴木　でも、端的にまとめるとこんな感じですよね。

先生　こんな感じですよねって！　たったの1分もたってないじゃない。どうすんのよあとの59分！

鈴木　さぁ。

先生　（銃を持った兵隊を見て）それに、これ誰!?

森重　1年、森重です！

先生　知ってるわよ！　役名よ！

森重　お客さんだと思った。残念、兵隊でした。

◎後輩たち　部長良かったですか!?　僕たち。

鈴木　ああ、よかったんじゃないかな。この倒れるところとか最高だった。

◎後輩たち　ありがとうございます。

先生　この象は撃たれて死ぬんじゃないわよ。

◎後輩たち　えっ!?（以下、どう死ぬんだろうとか後輩たちで考える）

先生　なんで、こんなくだらない演出にしちゃうかな。この教科書に書いてあることだけじゃ足りないから付け足してねって言ったのに、もっと短くなってるし。

鈴木　だめですかー？

先生　命の尊さとか、戦争の愚かさとか伝えられない？

鈴木　無理ですね。

先生　あのね、なんていうか情がないっていうか、残酷すぎるというか。

鈴木　でも、残酷な話ですよね。

先生　いや、そうかもしれないけど、いろんな人の思いがあっ……。

鈴木　残酷な話ですよね!!

先生　いや、でも。
鈴木　残酷な話ですよね‼
先生　残酷な話をこんな、くだらなくしちゃうのがダメっていってるの！……あなたたちは練習戻っていいわよ。
◎後輩たち　（顔を見合わせて）お疲れ様でした！

後輩たちは、人形劇のセットを片付ける。
後輩たちは舞台に残り、遠くで練習をする。

鈴木　じゃ、失礼します！
先生　鈴木くん、あんたはダメ！
鈴木　えー！
先生　部長としてちゃんと考えなさい！（教科書を渡す）
鈴木　ちゃんと考えてますよ。
先生　もっと夢のある話にできない？
鈴木　話はよくても、どうやったらいいんですか！
先生　えっ。
鈴木　この象しゃべるんですか？　戦争のリアリティは？　あとテーマとか？　それに僕たちは象を見たことないんですよ。
先生　えっ、ないの！
鈴木　そうですよ。円山にも旭山にもいないんですから。
先生　そうなんだ。
鈴木　それに、戦争も知りません。
先生　まぁ、そうだけど。
鈴木　この星で今もやっているらしいけど僕らは知らないんです。
先生　まぁね。
鈴木　先生は知っていますか。
先生　知らないけど。
鈴木　それに、こんな英語の教科書じゃ、人の気持ちなんて書いてません！
先生　そこは……想像力で！
鈴木　1番大事なのはそこじゃないですか！
先生　それを鈴木君に考えてほしいんだけど。
鈴木　そんな簡単なものじゃないですよ！
先生　……ねっ、君たちもそう思うわよね。
◎後輩たち　（顔を見合わせて）はい！
先生　大丈夫よ、颯くんなら！
鈴木　くだらないことやってきた僕たちが、この本で何を表せばいいんですか！……失礼します。

鈴木、外へ出て雨の中へ。鈴木はいらいらし、英語の教科書を捨てる。
後ろから福田が来る。世界が現実から本の中へ。本の登場人物たちが出てくる。

福田　（英語の教科書を拾って）おい！
鈴木　……はい？
福田　俺たちの仕事にやってみないか？（英語の教科書を渡す）

本の登場人物が幻想的に踊る。鈴木は英語の教科書をめくっていく。
世界が変わる。鈴木は英語の教科書の中に入っていく。

第2場　戦時中の上野動物園

時代は過去（本の中・夢）、場所は上野動物園の動物の処分場、状況は鈴木が倒れている。
舞台にはゾウの檻とライオンの檻。
鈴木の足元には英語の教科書。
菅谷、渋谷ら飼育員と象が、鈴木に声掛けをしている。

ジョン　福田さん、わかるかい、ジョンだよ！
菅谷　福田さん大丈夫ですか！
鈴木　福田？　俺は鈴木だけど。
トンキー　しっかりして福田さん。
渋谷　菅谷さん、何かあったんですか？
菅谷　わかんない、福田さん突然倒れちゃって！
ジョン　福田さん、わかるかい、ジョンだよ！
鈴木　誰？　聞いたことない声だなぁ。
菅谷　福田さん、気がついたんですか。
鈴木　うーん。
トンキー　あーよかった。
ワンリー　トンキーなんかあったの？
渋谷　大丈夫ですか、意識はっきりしてますか？
ジョン　福田さん、わかるかい、ジョンだよ‼

鈴木、気づいてあたりを見渡す。

菅谷　どうしたんですか。福田さん。
鈴木　えと、福田？　俺は鈴木だけど。雨降ってて誰かにあって……？
菅谷　何いってるんですか。ここは室内ですよ。
渋谷　ショックで混乱してるんじゃないですか！
ジョン　福田さん、わかるかい、ジョンだよ！　僕の名前わかる？
鈴木　……ジョン？
菅谷　あーよかった。
渋谷　なんだ心配させないで下さいよ。
鈴木　こいつ、何度も名前いってたじゃん！
菅谷　名前をいってる？　はいはい、そういうことにしておきましょう。
渋谷　まったく福田さんの象好きにも困ったものだな。
菅谷　あ、福田さん。はい、福田さんいつもの。（ハッピを渡す）
鈴木　なにこれ、ちょっと恥ずかしいんだけど！

渋谷と菅谷は恥ずかしがっている鈴木をいぶかしげに見ながら掃除用具をとってくる。

鈴木　……ここは？

トンキー　福田さん。大丈夫？
鈴木　ありがとう。福田さんじゃないけどね。
ワンリー　福田さんじゃない？
鈴木　ああ、いやこっちの話。
ジョン　福田さん、わかるかい、ジョンだよ！
鈴木　お前はジョンなのはわかったよ！　自己主張激しいよ。それにしてもここはどこなのかな？
ワンリー　ここは動物園だよ。
鈴木　ああ、動物園。動物園⁉
トンキー　うん。
鈴木　何、動物園？
ワンリー　上野動物園。
鈴木　なんで俺、上野動物園なんかいるの？
トンキー　さぁ、お仕事だから。
鈴木　お仕事？　なんの？
ワンリー　飼育員？
鈴木　飼育員⁉　これでか！
トンキー　え、何？　福田さんは飼育員じゃないの？
ワンリー　福田さん、じゃないし、飼育員じゃない？　じゃ、なんなの？
ジョン　福田さん、わかるかい、ジョンだよ！
鈴木　うるさいよ、お前は！　わかったよ！
菅谷　あの！　福田さん、やっぱり大丈夫ですか⁉　いつもより変ですよ。（渋谷は英語の教科書を拾う）
鈴木　いつもより変ってどういうことだよ。それに、福田福田って？　俺は鈴木なんだけど。

渋谷　えっ⁉　結婚したんですか？　むこ養子？
鈴木　してないよ！……もういいよ。福田で。で、君たちは。
トンキー　トンキーだよ！
ワンリー　ワンリーだよ！
ジョン　福田さんわかるかい、ジョ……。
鈴木　ジョンだよなお前は！　わかってるよ！　トンキーとワンリーとジョンね。よろし……く？　トンキーにワンリーにジョン？
菅谷　……福田さん、申し訳ないんですが、いつもより気持ち悪いです。
鈴木　はぁ？
菅谷　象に話しかけすぎです。普通すぎて気持ち悪いです。
鈴木　象？　こんなに姿の子に象っていい方はひどいんじゃないかな。
渋谷　あと福田さん、勉強熱心なのはわかるんですけど、こういうのはしまっておいた方がいいですよ。

と、菅谷は教科書を鈴木へ渡す。

菅谷　それなに？
渋谷　英語の本です。
菅谷　うわ、よく持っていてられますね。本当に気をつけたほうがいいですよ。
鈴木　えっ、英語ってダメなの。
菅谷　敵性語です！　本当、適当にもほどがあります。それでみんなが危険になったらどうするんですか！

鈴木　あー、ごめん。
菅谷　ごめんじゃないですよ！
渋谷　みんなも気軽に話しかけすぎないでね。
ワンリー　うん。
渋谷　って、返事が聞こえてきたらいいんですが。
鈴木　いってるじゃん返事……。
菅谷　もう、ちゃんとしてください！　本当に‼　失礼します。

と、菅谷去る。鈴木、怒りっぽい奴だなと態度に表す。

渋谷　あの、菅谷さんのことなんですが、悪く思わないで上げてください。
鈴木　え、うん……。
渋谷　失礼します。

と、渋谷去る。鈴木、冷静すぎるやつだなと態度に表す。

トンキー　福田さん、大丈夫？　変だよ。
鈴木　（自分のハッピの象の印を見て）あのさ、君たち、象なの？
ワンリー　この長ーい鼻が見えないのかい？
鈴木　うん、鼻じゃなくて手に見える。しかもそんな長くない！
ワンリー　失礼な！
ジョン　福田さん、わかるかい、象だよ！
鈴木　あーわかったよ！……それで君たちはトンキーにワンリーにジョン……。（本を見る）これってやっぱりこの本の……。（探す）
トンキー　なんか、福田さんがぶつぶついってる。変なの。
ワンリー　福田さんが変なのはいつもじゃない？
ジョン　でも、今日の変はいつもとちょっと違う変だな。
ワンリー　そうだね、いつも変な福田さんより、さらに変な福田さんだ。
トンキー　いつも変な福田さんより、さらに変な福田さん、何してるの？　一緒に遊ばない。
鈴木　変、変、いうんじゃねんよ‼　なんだよ、ここ。どういうことだよ。てか、なんで象がしゃべってんだよ。
ワンリー　それじゃ、福田さん芸の練習しよっか！
鈴木　唐突！って芸？
トンキー　福田さんが教えてくれたんじゃないか。
鈴木　俺？
トンキー　そうだよ。
鈴木　……わかった見るよ。見ることでなんかわかるかもしれないし。で、何するのボール投げ、玉乗り？　うわ、楽しみだな。俺ちなみに、芸にはちょっとうるさいよ。なんたって演劇部だったからね。ちょっと聞いてる！

象3匹は檻の後ろへ、出囃子と同時に登場。

◎象3頭　どうも、エレファント姦《カシマシ》ーですっ！
ワンリー　こんな、象の身なりなんですが漫才やらせてもらっています。
トンキー　みなさん、名前だけでも覚えて帰ってください
ね。
ワンリー　若干1名遅れております。
ジョン　みんな、わかるかい、ジョンだよ！
ワンリー　いや、あなたの名前はわかりましたから。グルー
プなのに、そんな自分の名前強調するのやめてください。
ジョン　ごめん、このジョンが迷惑かけた。
ワンリー　だから、そういうのやめてほしいって。
トンキー　さ、名前覚えてってほしい、いいましたけど。エ
レファントはわかるけどカシマシいうのがわかりません
ね。
ワンリー　そうですね。どんな字を書くのかな？
ジョン　うん、ジョンも教えてほしい！
ワンリー　立ち直るの早いですね！
トンキー　（フリップを出す）ここに書いてあるんですけど
姦《カシマシ》とは女が3つ、かしましいとかそうぞうしいとかい
う言葉があります。
ワンリー　女が3頭ですからそりゃうるさくもなりますね。
トンキー　女1号！
ワンリー　女2号！
ジョン　女3号!!
ワンリー　って、あなた女なんかーい!!
鈴木　ちょって待てー！
ワンリー　なにかな福田さん。
トンキー　なにか間違えた？

ジョン　あー!!!……ジョン、ちょっと失敗した！
鈴木　どこ！　いや、そうじゃなくて何してるの？
トンキー　えっ……。（顔を見合わせて）
◎象3頭　芸！
鈴木　いや、芸には違いないだろうけど、なんで、漫才なの。
トンキー　福田さんが、こんな時代だからこそ人を笑わさ
なきゃいかん。わかるか。って始めたんじゃないか。
鈴木　また俺の!?　何してるの、俺！っていうか、これ他
の人が見たらどう思うの。
渋谷　（拍手）さすがですね、福田さん。見事な象の漫才で
すね。
菅谷　ええ、素晴らしいと思います。
鈴木　え、漫才に見えるの。
渋谷　さっきのワンリーのなんでやねんとか最高でした。
菅谷　とても、くだらなくておもしろいです！
◎象3頭　ありがとうございます！
鈴木　そういうこと……で、お前。
ジョン　ジョンのこと？
鈴木　……本当は女なの？
ジョン　福田さん、わかるかいジョンだよ！
鈴木　知ってるよ！
◎象3頭　どうも、エレファント姦《カシマシ》ーですっ！
鈴木　……学校からの帰宅途中の雨の中、本を投げ捨て、声
をかけられ、ふたたび目を開けた時、なぜかそこは本の
中。自分は福田という名の飼育員。なぜだか、象が人に
見え、しまいにゃ漫才やる始末。はぁ、くだらない。

舞台は切り替わり、登場人物が全員登場する。

◎全員　くだらない⁉
鈴木　……くだらない。
トンキー　さん、はい。

全員で動物になりきって歌う。

◎全員　ぞうさん　ぞうさん　お鼻が長いのね　そうよ、母さんも　長いのよ。ぞうさん　ぞうさ……。
鈴木　……くだらない。

象と鈴木以外はいなくなる。

トンキー　福田さん！
鈴木　何、トンキー？
トンキー　母さんってなに？
鈴木　えっ……母さんっていうのは、トンキーで言うワンリーみたいなの。
トンキー　ワンリーみたいなの？
鈴木　ワンリーみたいな優しいのをお母さんっていうんだ。
トンキー　ジョンは？
鈴木　ジョンはお父さんかな？　いや、お兄ちゃん……お姉ちゃん？
トンキー　どっちかわからないけど、ジョンは兄弟みたいなもの？
鈴木　そうだね。
トンキー　ふーん。
鈴木　そうすると、お父さんは誰かな。
トンキー　福田さん！
鈴木　えっ。
トンキー　僕、お父さんは福田さんがいい。
鈴木　こうして、なぜか福田さんとして過ごす生活が始まった。最初は疑問ばかりだったけど、慣れれば象との生活は楽しかった。演劇でくだらないことばっかりやっていたからか、象への稽古もなんとかできた。時々、他の飼育員の視線が痛いけどなんとかかんとかやっていました。でも……。

第３場　動物園と中達の関係

鈴木　そう、そこでつっこみ！
ジョン　なんでやねん！
鈴木　いきおいが足りない！
ジョン　なんでやねん‼
鈴木　あともう少し！
ジョン　なんでやねん!!!
鈴木　よく頑張った！　よくやったぞ！　ジョンよしよしよしよし！
ジョン　こんなに頑張ったんだからなんかご褒美ちょうだ

いよ！
鈴木　えっ、なに。
ジョン　僕、お嫁さんがほしい！
鈴木　嫁さん！
ジョン　そう、嫁さん！
鈴木　どんな性格の。
ジョン　明るくて、優しくて、お金たくさん持っていて。
鈴木　ってお前、象やないかーい！　たぶん間違いやけどメスやないかーい！
◎二人　？　わはははは。
古賀　福田くん……。
鈴木　古賀さん！……この小さいおばさんは古賀さん。獣医でもあり、小人でもあり、そしてこの上野動物園の課長さん。つまりえらい人。
古賀　福田くん、ごめんね、満足のいく休みもあげられなくて疲れているんだね。
鈴木　いや、違いますよ。象と話してるのはそういうことじゃなくて！
古賀　いいんだ、いいんだ。福田くんにはいろいろ頼んでいるしね。それくらい……仕方ない。
鈴木　いや、そんな風に思わないでくださいよ！
古賀　いいかい、福田くん、君は変だ。でも特別な変だ。
鈴木　特別な？　どういうことですか。

兵曹が入ってきて、ワンリーやトンキーを見ている。鈴木と古賀は気づかない。

ワンリー　また、福田さん。変だっていわれてる。
トンキー　おもしろいね。
鈴木　いや、おもしろくないってば！（気づく）
古賀　そういうところが特別な変だ。
鈴木　以後、気をつけます。
古賀　今日はここに東京都からの視察の方が来る、くれぐれも粗相のないようにね。
鈴木　はい！
古賀　本当に頼んだよ。（はける）

兵曹が象の檻を見ていることに鈴木が気づく。

鈴木　森重？　森重じゃないか！　どうしたんだよ。お前もここに来たのか？　いや、良かった知り合いがいて！なんだよ、そその帽子。俺にもかぶらせてくれよ。（銃を向けられて）すみません、古賀さん助けてください。
古賀　早いよ、福田くん。注意してから粗相するのが早いよ。
鈴木　すみませんでしたっ！

兵隊①・②が入ってくる。

兵隊①　何かあったのか！（状況を確認して）兵曹！
兵隊②　兵曹何をされた。
兵曹　コイツ、オレニナレナレシイ。

鈴木 えー、それだけ！
兵曹 ダカラコロス！
鈴木 理不尽だー！

鈴木逃げる。兵隊追う。中達が来る。

古賀 まだです。報告書に書いてあるはずです。
中達 どうです。ゾウは死にましたか。
古賀 中達さん。
中達 ははは、こんにちは、どうもー課長さん。

鈴木が来る。兵隊も追う。兵隊は中達に気づいて止まる。

中達 何って視察ですよ、視察。ええ、飼育員さんたちがまじめに働いているかなーと思いまして。
鈴木 あのこちらの方は。
古賀 何いってるんだ、福田くん、この方が。
中達 東京都長官大達茂雄閣下の部下の中達です。どうぞ、お知りおきを。

菅谷が入ってくる。

菅谷 中達さん。
中達 あ、どうもライオンの飼育員さん。ライオンはこの檻へ入れましたか。
菅谷 はい、裏でぐったりしています。
中達 それは良かった。
菅谷 何がいいもんか！ あんたなんかに何がわかるんだ！
中達 （銃を向ける）あの、すみません口は慎んでもらえますか。
菅谷 ……申し訳ありませんでした。
中達 今、日本は大変な時なんですよ。毎日、たくさんの兵隊がお国のためにがんばっているんです！ それに、空襲で檻が壊されでもしたら、付近の住民に迷惑がかかる！
菅谷 そんな！ 動物たちは利口です。そんなことにはなりません。
中達 そんなこと、わからないじゃないですか！
菅谷 わかります！
中達 そういって、本当に空襲が起こったらどうするんですか！
菅谷 私たちの飼育員は動物を飼育するためにいるんです。殺すためじゃない！
渋谷 いくらお国のためとはいえそれはできません！
◎象 福田さん！
鈴木 何！ みんな⁉
◎象 お国って何！
鈴木 ……この緊迫とした状況の中、それは言わなきゃいけないかな。
◎象 うん。
鈴木 お国って……ここ。日本のこと。とても大きいんだよ！
トンキー　ワンリーやジョンよりも？
２匹　えっ？
ワンリー　僕らよりも？
ジョン　そんなに？
鈴木　お国はワンリーやジョンよりも大きいよ！
◎象　へー。
鈴木　何か勘違いしてそうだけど、いや、ちょっと待ってね。
中達　なんですか、この人。
菅谷　すみません、変な病気なんです。
中達　あっそ。それで、ゾウは……死んでないみたいですね。
古賀　努力はしているんですが。
中達　努力くらい誰でもできるんですよ！　仕方ないですね、この私の銃で楽にしてあげましょう。
◎象　銃だ!?
ワンリー　ジョン頼んだ！
トンキー　こっちの象のほうがいいですよー！
ジョン　うわーいやだー死にたくなーい！
古賀　待ってください。銃殺は付近の住民へ悪影響になるからと。
菅谷　そうだ、そうだ！
渋谷　銃なんかで殺せるか！
トンキー　そういうの人に向けちゃだめなんだよ！
ワンリー　ひっこめバカ！
ジョン　バカ！（鈴木止めに入る）
中達　（振り向く）今バカっていったやつ、こっちこい。
◎飼育員　……（鈴木を見て）この人です。
鈴木　いってない、いってないって！　ジョン！　なんか、気持ちで伝わってるから黙って！
中達　まぁ、いいでしょう。それでは毒を注射するというのはどうでしょうか！
古賀　それが、この動物園にある１番大きい注射針でもゾウの皮膚は貫けないのです。
菅谷　そうだ、そうだ！
渋谷　注射なんかで殺せるか！
トンキー　バカ！
ワンリー　バカ！
ジョン　バカ！（鈴木止めに入る）
中達　今、３回もいった。３回もいったやつがいる！　お前！（福田兵隊に捕まる）あなたは、立場というものを理解してないみたいですね。
鈴木　理解してます！　そしていってません！　あの！殺すんではなく、疎開させるなんてどうなんですか？
中達　ゾウが人の何倍食べると思うんですか？
鈴木　（英語の教科書をめくる）ああ、のってない！　何倍食べるの!?
トンキー　たくさん食べるよ！
ワンリー　トンキーより食べるよ！
ジョン　ワンリーより食べるよ！
鈴木　全然だめだ！　じゃ、故郷へ送り届けるとか！

中達　故郷？　どこですか⁉
鈴木　どこ⁉
トンキー　あっち。
ワンリー　こっち。
ジョン　そっち。
鈴木　だめだ、こいつら‼
菅谷　福田さん、インドですよ！　インド！
◎象　インド？
鈴木　知らんのかい！　インドです！　インド！
中達　今はそんな状態ではありません！　日本の勝利は今この瞬間にかかっているんです。わかりますか！
鈴木　わかるかい⁉
◎象3頭　わかんない！
鈴木　わかりませーん！
中達　日本の勝利のために死ねといっているんです！
鈴木　それなら、問題ありません！　戦争なら問題ありません！　えと、日本は負けます！
全員　えっ？
鈴木　いや、結構惜しいところまでいくそうなんですけど、いや、仕方ないですよ！　運命ですよ！
中達　あなた、いってることがわかってるんですよね！
鈴木　あれ、負けるよね？
◎象　知らない？
◎飼育員　福田さん！

第4場　西武ライオンズと動物の心

鈴木　日本という国はこの当時、国民の意識はとても高く日本が勝つことが当たり前だったとされていたそうです。そんな中で僕、いや福田という人間が、突然日本は負けるなんていったらどうなるか。それは、火を見るよりも明らかでした。そう僕、反逆者として銃殺されそうになりました、僕。しかし、動物園のみんなの機転のおかげで何とか助かることができました。とりあえず、土下座。
古賀　すみません、中達さん。福田くんはさっき頭を打ったみたいで意識がはっきりしてないんです。
菅谷　そうなんです。起きてからゾウと話をしているみたいで、私たちにはさっぱり。
渋谷　胴は長くて足は短いんです。そんな格好悪い男なんです。
鈴木　ただの悪口だろ！
トンキー　福田さんはいい人だよ！
鈴木　ありがとう、トンキー。
菅谷　ほら、またしゃべった。気持ち悪いでしょ。
鈴木　精神的に来るからやめてくれないかい。
ジョン　福田さんって気持ち悪いの！　ははは、おもしろい！
鈴木　おもしろくねえよ！
菅谷　うわ、またしゃべってる気持ち悪い。
鈴木　すみませんでした。
渋谷　足も臭いですし、口も少し臭いかもしれません。

鈴木　渋谷、あとで覚えてろよ。
中達　（頭をもって）反逆者だと思ったら、ずいぶんとかわいそうな人なんですね、あなたは。しかし、さっきの発言は忘れませんよ……課長、ライオンはどこにいますか。
古賀　まだ裏でぐったりしています。
中達　まぁ、いいでしょう。また来ます。次に来るときは何頭か死んでるといいですね。ははははは。
渋谷　福田さん大丈夫ですか！
菅谷　しっかりしてください！
鈴木　２人ともありがとう。
渋谷　さっきのことは気にしないでください。ちょっと思ってただけです。
菅谷　そうです。そんなに思ってません！
渋谷　ちょっと気持ち悪かっただけです！
菅谷　外見なんて飾りですよ、大事なのは中身です！
鈴木　いいかげんにしろー！……もういいほっといてくれ。
渋谷　わかりました。福田さんも１人になりたいんだ。行こう。
菅谷　そうですね……でも、福田さんそんなところで寝ているとライオンが来ますよ。

菅谷、渋谷出ていく。

鈴木　えっ！
◎ライオン　いただきまーす！
鈴木　（逃げる）なんだ、いきなり！
アリ　どうもーエチオピアから来たライオンのアリでーす！
カテリーナ　同じくエチオピアから来たライオンのカテリーナでーす！
アリ　エチオピアって知ってますか、みなさん？
カテリーナ　エチオピア？　確かアフリカの方ですねー！
アリ　そう、世界地図で見たら西。
カテリーナ　それ北ー‼　そこでついた私たちのコンビ名は。
◎ライオン　西部ライオンズ！
アリ　ぎぶみーみーと！
カテリーナ　ぎぶみーゆあはんど！
鈴木　あげないよ！
◎ライオン　西部ライオンズ！
鈴木　なんなのこいつら！　ライオン⁉
ワンリー　そう、ライオンだよ！
トンキー　アリさん、カテリーナさんこんにちは！

無言で手を振る。

鈴木　なんか、しゃべれや！　なんで、ライオンがこんなことしてるの⁉
アリ　よく聞いてくれました。ね、カテリーナ。
カテリーナ　ね、よく聞いてくれたね。アリ。
◎ライオン　ショートコント理由。
鈴木　なんか始まった。

アリ　（雰囲気変わって）えさ、えさをくれー！
カテリーナ　（雰囲気変わって）時は世紀末、動物は戦争の炎に包まれた。海は枯れ　地は裂け……あらゆる動物が絶滅したかにみえた……だが……！　ライオンは死滅してはいなかった‼　ひゅーひゅー。（風の音）
鈴木　映像はイメージです。本当は檻の中で演技をしています。
アリ　ギブミーユアハンド、ギブミーユアヘッド！
カテリーナ　しかし、誰1人として我々に餌をくれなかった！
鈴木　当然だよ！
カテリーナ　そこに1人の救世主が現れた。（トンキーのマネ）ライオンさん！　こんにちは！
鈴木　えっ、誰これ！
アリ　トンキー！
鈴木　いや、下手過ぎない！（トンキーの方を見て）いや、めっちゃ笑ってるし！
カテリーナ　ライオンさん！　どうしたの！
アリ　おう、トンキー、えさ、えさがほしいんだ！
カテリーナ　そしたら芸をしたらいいよ！
アリ　芸っ！
カテリーナ　そう、そうすればえさをもらえるかもしれないよ！
アリ　そうか、そういう手があったか！
カテリーナ　そこで始めたのが！
◎ライオン　漫才です！
鈴木　どういうこと！
アリ　ぎぶみーと！
カテリーナ　ぎぶみーみーゆあはんど！
◎ライオン　西部ライオンズ！
アリ　たべちゃうぞー！
カテリーナ　たべないでくださーい！
◎ライオン　西部ライオンズ！
鈴木　それは、未来で流行る。

菅谷と渋谷が入ってくる。

菅谷　何やってるんですか！　福田さん！
鈴木　菅谷さん。
菅谷　今度は楽しくアリとカテリとおしゃべりですか！　もっとちゃんとしてください！
カテリーナ　菅谷さんだ！
アリ　菅谷さーん‼
菅谷　アリ、カテリおいで。ごめんね……満足のいく餌もあげられなくて（アリ、カテリーナじゃれる）あははは、とてもうざい。
鈴木　だよね！
菅谷　……でも、こんなこともうできなくなっちゃう。
アリ　菅谷さん、あんたに涙は似合わないぜ！
カテリーナ　ぜ！
菅谷　福田さん。すみません、アリとカテリお願いします。
渋谷　菅谷さん、待って！……頑張ってね！　アリ、カテリーナ！
◎ライオン　お肉をくださーい！

アリ・カテリーナとぼとぼと檻へ戻っていく。

鈴木　なんだろう大変なんだろうけど、何も言えない。
◎ライオン　西部ライオンズ！
鈴木　あ、まだやるんだ。
アリ　……今この国は戦争中らしいですね！
カテリーナ　……そう……戦争だけにウォーなんちって！
鈴木　漫才のレベルがおちてるよ！
アリ　トンキー、みんな……ちょっと練習してきます。
トンキー　うん、頑張って！
ワンリー　ほどほどにね。
◎ライオン　（元気なさげ）西部ライオンズ……。
鈴木　なんか、みんな大変だね。
トンキー　そうなんだよ、僕らもここに来てずっとエサをもらえてないし。
ワンリー　福田さんからもなんとかいってやってくれよ。
鈴木　エサをもらってないの？
ジョン　そうなんだよ、ひどいだろ。
鈴木　だね、ここも何か薄暗いし、もっと外に出たいんじゃないの？
ワンリー　そうだね、もう何日も出てないね。
鈴木　何日も？
トンキー　そうなんだよ！　少し前の動物園にはたくさんの動物がいたんだけど、数日前からめっきり少なくなってね。
ワンリー　トンキーそれは。
トンキー　みーんな、この建物の中に入ってったら出てこなくてね。どこいっちゃったのかな？　熊のクロさんや白熊のシロさん、いろんな友達がいたんだけど、なんかみんな引っ越しちゃったのかな？
鈴木　それって……！（教科書を見る）
トンキー　福田さんは何か知ってる？
鈴木　ええと。
ワンリー　いいじゃないか、トンキー！　福田さんが困ってるよ。
アリ　ふん、福田さんしゃべっちゃった方がいいんじゃないですか。みんな死んだって。
ワンリー　アリ！
カテリーナ　この建物入ったが最後出てきたものはいない。なら、ここで処分されてるに決まってる。
ワンリー　カテリーナまで。
アリ　そうそう、だから俺らは待つしかないのさ。最後の瞬間を。
ジョン　アリ、カテリーナそういう気持ちはよくない。
ワンリー　トンキー気にしなくていいからね。
アリ　エチオピアでちやほやされて育った俺たちが、いつの間にやら船に乗り、やってきましたこの日本。
カテリーナ　せっかくやってきたこの国でエサがないからと隔離され、しまいにゃ殺しにかかってくる。

アリ　ああ、人間というのは本当に愚かな生き物だ。他の動物のことなんて何にも考えていないんだ。
カテリーナ　エサをくれるのは仕事だし、愛情なんてありゃしない。
アリ　なぁ、福田さんなんとかいってみろよ！
鈴木　……。
アリ　あーあ、アフリカ帰りたかったな。エチオピアの大地もう1回踏みたかったな。家族にも……会いたかったな。
カテリーナ　お母さんにも……会いたかったな。
アリ　なんだよ、福田さん、この国本当に。
カテリーナ　福田さん、ここはそういう場所なんだろ。
アリ　俺らはただ死ぬしかないんだろ。
カテリーナ　トンキーそういうことだ！
ワンリー　福田さんいいからね。大丈夫だから。
鈴木　それは……。
トンキー　（鼻歌）ぞうさん、ぞうさん、お鼻が長いのね、そうよ母さんも長いのよ。ねっ、アリ、カテリーナ、お母さんの思い出ってある？
アリ　……少しだけ。
カテリーナ　たくさんある！
トンキー　僕はないんだ。僕は……ワンリーが母さんで福田さんがお父さん、ジョンは……お兄ちゃん？
ジョン　お姉ちゃんでもいいよ！
トンキー　うん、僕もどっちでもいい！……で、えっとね。ここしか僕の家族はいないんだ。ここにしか僕を知っている人はいないんだ。僕を見てくれるお客さんもここにしかいないんだ。ねぇ、アリはなんで芸の稽古をしているの？
アリ　えっ。
トンキー　カテリーナは？
カテリーナ　それは。
トンキー　ね、誰かに見せたいんじゃないの？……誰かに見てもらいたいから練習しているんだよね。
ワンリー　そうだよ、アリもカテリーナもまだあきらめてないのさ。
トンキー　よかった！　じゃ、まだ大丈夫だよ！　戦争だって終わるかもしれないよ！
アリ　いや、そういうわけじゃないけど……。
トンキー　火の雨が！……火の雨が、爆弾の雨が降ろうとも、笑いの雨を降らせるさ。それが幸せの動物園、上野動物園。僕たちの誇り。
鈴木　どういう意味？
ワンリー　どんな困難があっても、僕たちの使命は人を幸せにするということ。
鈴木　どんな困難があっても……。
ワンリー　僕たちは親もいないし、エサも少ない。けど動物園に来た人を幸せにする。それは忘れてはいけないこと。
トンキー　うん、僕らは福田さんにそう教わった。
ジョン　この言葉、福田さんの言葉だよ。
鈴木　えっ。

ジョン　まったくひどいな福田さんは。
鈴木　……ごめんごめん。みんなでさここでよう！　その時のためにいっぱい練習しないとな。ここを素敵な動物園にしようよ！　いや、もうなることはわかっているんだ。
ジョン　なることはわかっている？
鈴木　うん。えーと、そのための練習をしよう！
◎象　うん。
鈴木　アリとカテリーナも。
トンキー　やろうよ、練習。
アリ　仕方ねえやるか。
カテリーナ　ほかにやることないしね。
アリ　それな！　なぁ、福田さん。
鈴木　ん？
アリ　ライオンさん、ライオンさんって歌はないのか！
鈴木　そこ⁉
カテリーナ　ライオンさーん、ライオンさーん！
アリ　たてがみが長いのねー。
◎ライオン　そーよ、心配ないさー！
鈴木　ちょっといいから黙ってろ！

アリとカテリーナもしぶしぶ動き出す。

第5場　戦時猛獣処分

中達や兵隊が入ってくる。手にはエサの入ったバケツ。

中達　ふ〜くださん。
鈴木　中達……さん。
中達　おめでとうございまーす！
鈴木　はっ。
中達　このたび、ゾウやライオンを殺さなくてもよいことになりましたー！　せーのおめでとうございまーす！
鈴木　えっ⁉　どういうことですか。
中達　僕も気になってたんですよ！……ゾウやライオンを殺してどんないいことがあるんだろうかって。
鈴木　はい。
中達　考えてもそれは何も思いつきませんでした。ですので〜大達長官にかけあってみたんです。
鈴木　はい！
中達　そしたらそしたら、「ゾウやライオンを殺すことは東京のためにならん」といってくれたんですよ！
鈴木　すごいじゃないですか！　あっ、菅谷さんたちにも知らせてこないと！
中達　ちょっと待ってください。……これ、仲直りの印です！
鈴木　これは……。
中達　草団子です！　これならライオンも食べられると思って！　ね、これで早く楽にしてあげてください。
鈴木　ありがとうございます！……アリ、カテリーナ、お肉じゃなくてもいい？

アリ　この際、気にしません。草団子なら食べられます！
カテリーナ　我々、草食動物の胃袋を食べるんです。だからやわらかい草団子ならＯＫです！
鈴木　そうなんだ。そしたら、少ないけどどうぞ。
◎ライオン　（顔を見合わせて）いただきます！
鈴木　そしたら、みんなも！
ワンリー　ありがとう、福田……さん……？
ジョン　アリ、カテリーナ駄目だ！

アリとカテリーナ食べて倒れる。そして動かなくなる。

鈴木　アリ！　カテリーナ！
菅谷　どうしたんですか！　福田さん！
渋谷　何かあったんですか⁉
鈴木　わからない、突然これを食べたらライオンたちが！
渋谷　アリ、カテリーナ！
菅谷　どうして……さっきまであんなに元気だったのに！
渋谷　福田さん、何をしたんですか⁉
鈴木　わからないんだ！　突然！
渋谷　なんだこれ？
古賀　どうしたんだ、これは！
菅谷　課長、ライオンの様子が。
古賀　（確かめる）残念だが、脈も呼吸もない。
菅谷　古賀さん、なんとかしてくださいよ！
古賀　無理だ。
菅谷　アリ、カテリ。あんたたち、まだやることあるんでしょ。動物園に来た人たちを幸せにするんでしょ。
渋谷　……福田さん、あなた！
鈴木　知らない！　俺はなんにもわからないんだ……そうだ、本！
渋谷　何してるんですか！　あなたは！
鈴木　うるさい黙ってろ……あった。ポイズン……ポイズンって。
古賀　わかってるんだろ、福田。それは毒だ！
◎全員　毒⁉
中達　ははは、あら今度来た時には殺しておけっていったら、本当に死んでいますね！　さすが、優秀な飼育員です！
鈴木　中達、おまえ！　俺に渡したのはなんだ！
中達　楽になるっていったじゃないですか！　そんなことの意味もわからないなんて、さすがお優しい飼育員ですね！
鈴木　てめえ！
渋谷　福田さん、なんでそんな勝手なことしたんですか！
鈴木　俺はただ、みんなのためを思って！
中達　課長、あなたも悪いんですよ。いつまでも何匹も残しておくから、こんなことしなくてはならないんです！
あーめんどくさい。
菅谷　殺してやる、あんた殺してライオンたちに。
中達　殺してやる……？　誰にそんな口をきいているんですか！　さて、あと残っている猛獣はゾウ３匹ですか？
（鈴木からバケツを奪って）ほら、家畜どもめ！　最後の

晩餐だ！（バケツの中味を放り投げる）

鈴木　やめろー！

古賀　福田、落ち着け！

鈴木　落ち着いてられるか！　このままじゃ、みんなは。

ワンリー　落ち着いて、福田さん。

ジョン　これには毒が入っているんだな。

鈴木　そうだよ。

渋谷　……食べない。

古賀　ジョン、ワンリー、トンキー、君たちは本当に頭がいいね。

トンキー　どうしたのジョン、ワンリー食べないの。

ワンリー　トンキーこれは食べちゃダメなエサなんだ。

トンキー　僕、お腹すいたんだけど。

ワンリー　そうかい、ああ、これなら大丈夫だ。

トンキー　おいしい、ありがとうワンリー。

渋谷　よけて食べてる。

菅谷　毒のエサがわかるんだ。

中達　わかるだと、どういうことだ！

鈴木　どういうことだって、食べなかったってことだよ！

菅谷　頭悪いんじゃないか！

古賀　ゾウは頭のいい動物ですから。

菅谷　あんたと違ってな！

古賀　菅谷さん！

中達　ははは、もういい。我慢の限界だ！　私が片づける。

（拳銃を構える）

鈴木　やめろ！

中達　邪魔するのかい！　そこをどきたまえ！

古賀　待ってください！　銃殺は付近の住民に悪影響になると！

中達　うるさいなぁ！　さっさと処分できないお前らが悪いんだよ！

菅谷　なら、先に私たちを処分したらどうだ！

中達　……ああ、そうさせてもらおう！

ジョン　やめろっ！

ジョンが叫ぶ。象の鳴き声も聞こえる。

鈴木　ジョン……。

ジョン　福田さん、この人はジョンたちを殺そうとしてるのかい？

鈴木　そうだ、だからそのエサは食べないでくれ！

ジョン　でも、このエサを食べなかったら福田さんたちがひどい目に会うんじゃないか？　それに、トンキーもワンリーも。

鈴木　それは……。

渋谷　福田さん、何を話してるんだ！

中達　あなた、今の状況を分かっているんですか！

鈴木　うるさい！　少し黙ってろ！

ジョン　人を幸せにするのがジョンの使命だ。それは人を助けることと同じだ。

ワンリー　ジョン何をいってるんだい。

ジョン　福田さん、さっき素敵な動物園になるっていったよね。それは本当かい！
鈴木　ああ、本当だ！
菅谷　福田さん、何話しているの！
ジョン　人を幸せにする使命、その役目、みんなに託してもいいかい。
トンキー　ジョン？
ジョン　ワンリー、トンキーを導けるのは君しかいない！
ワンリー　ジョンなにをいっているの！
ジョン　（エサを食べる）火の雨が、爆弾の雨が降ろうとも、笑いの雨を降らせるさ。それが幸せの動物園、上野動物園。僕たちの誇り……だ。
◎象2匹　ジョン!!!

トンキー・ワンリー・ジョン・アリ・カテリーナははける。

鈴木　史実にのっとると、ジョンはとても狂暴だったらしい。そのため、他の2頭を生かせるように、早々と餓死をさせた。人間の勝手な都合で殺されたジョン。でも、僕があのとき、見たジョンの姿はトンキーやワンリー、そして人間を守ろうとしたヒーローみたいなゾウだった。ジョンが毒のエサを食べて死んだことで、他のゾウも毒のエサを食べるだろうといって、中達たちは引き上げていった。なあ、２人とも。象を……逃がそう！
◎飼育員　はい！

第6場　ワンリーと最後の舞台

菅谷　福田さん！　アリとカテリは裏の森に埋めました。ジョンも……。
鈴木　うん。
渋谷　森の中には少ないですがエサも用意しました。すぐに移動しましょう。
鈴木　うん。
菅谷　トンキーはまだ元気なんですが、ワンリーの状態が思わしくありません。
鈴木　わかった。ほかのみんなには……。
渋谷　黙っています。気づいていない……はずです。
鈴木　そうか。檻を開けてくれ。
◎飼育員　はい！

３人、はける。

トンキー　ワンリー元気？
ワンリー　うん、僕は元気だよ。
トンキー　さっきの稽古の中でうまくいかなかったことがあるんだけど。
ワンリー　うん。
トンキー　やっぱり、ジョンがいないとだめだね。
ワンリー　うん。
トンキー　ジョンだったらこんなとき「みんなわかるかいジョンだよ！」なんて言ってくれるのかな！

ワンリー　うん。
トンキー　おなかすいたね。
ワンリー　うん。
トンキー　のど、からからだね。
ワンリー　うん。
トンキー　早く出たいね。
ワンリー　うん。
トンキー　大丈夫だよね。福田さんがすぐ来てくれるよね。
ワンリー　うん。

ワンリーが倒れる。

ワンリー　ねぇ、トンキー。
トンキー　なんだい、ワンリー。
ワンリー　そろそろ開演の時間かな。お客さんみんな来てるかな？
トンキー　えっ？
鈴木　トンキー、ワンリー。
トンキー　福田さん！
菅谷　大丈夫だった？
トンキー　うん、大丈夫だよ。
渋谷　なんていってるんですか？
鈴木　大丈夫だって。
菅谷　よかった。
トンキー　さっきまで、ワンリーと一緒にずっと芸の稽古してた。
鈴木　そうか、えらいな。
トンキー　新しいのだって作ったんだよ。ジョンがいなくなってもできるように。
鈴木　ジョンのいったことちゃんと守ってるんだな。
トンキー　うん！……でも、ワンリーがなんか変なんだ。
鈴木　ワンリー？
渋谷　福田さん、早くしてください！
鈴木　もう、ちょっとまってくれ！
ワンリー　福田さん。僕らをここから出してくれないかい。
鈴木　うん、そのために来たんだ。
ワンリー　外に出たら、みんな待ってるよね。花がたくさん咲いていて、子どもたちが見に来てくれて。その子たちと一緒に来てくれる大人たち。みんな僕らの舞台を見に来てくれる。
鈴木　ワンリー？
ワンリー　たくさん笑わせるんだ。いっぱいいっぱい幸せになってもらうんだ。
鈴木　ワンリー……。
菅谷　福田さん、あまり時間がありません。
渋谷　早く出ましょう。
中達　（ノック）失礼しま～す。どうもこんばんわ。

中達と兵隊たちが出てくる。

菅谷　中達さん。
中達　お約束覚えていますか？　命令のあるときまでここ

に入るのは禁止。
渋谷　どうしてここが。
中達　いや、禁止っていったら破るでしょう。普通。
菅谷　あんた、どこまで人を馬鹿にすれば気が済むんだ。
中達　馬鹿……いい言葉ですね。馬と鹿、動物の飼育員さんにはもってこいの言葉だ。
菅谷　あんた！

銃口が向けられる。

トンキー　福田さん……この人たち。
鈴木　ごめん、トンキー。失敗した。迷惑かけた。
トンキー　ううん、福田さん頑張ってくれたんでしょ。
鈴木　でも。
中達　また、象とおしゃべりですか。気持ち悪い。……といっても、後ろの子は話す元気なんてなさそうですけど。また、1頭殺せますね。
ワンリー　福田さん。もうここは外かい。みんな……いるのかい。
トンキー　ワンリー。
鈴木　なぁ、もういい。ここまでいい。でも、1つ頼まれてくれないか。兵隊さんたち、中達さん……ワンリー限界なんだよ。頑張ったんだよ。もう……逃げられないんだよ。ワンリーの芸、見てってくれないか？　なぁ、それだけでいいんだ。死んじゃうんだ。撃たないでくれよ。頼むよ、頼む……。

中達　何言ってるんだ。そんなこ……。
兵隊①　中達さん！
中達　なんですか？
兵隊①　見ていってもいいかい。
中達　何勝手な。
兵隊①　どうせ、あいつ死ぬよ。だからさ……。
兵隊②　お願いします！

兵隊①、他の兵隊に合図。他の兵隊たちも頭を下げる。

中達　撃てといったら撃ちなさい。それまでならいいでしょう。
兵隊①　ありがとうございます……福田さんだっけ、いいよ。やんなよ。
鈴木　ありがとう。トンキー、ワンリー。
トンキー　うん。いくよ、ワンリー、お客さんがいっぱいだよ。
ワンリー　うん、トンキー。
鈴木　さぁさぁ、みんなトンキーとワンリーの漫才が始まるよ。世界で漫才をするのはここだけ、この上野動物園だけだ！　よってらっしゃいみてらっしゃい、これから始まる大舞台をどうぞご覧あれ！
◎象2匹　どーも、エレファントカシマシです！
トンキー　太陽の貴公子、この動物園のアイドル、絶対王者トンキーと、飢えたケダモノ、ワンリーでお送りします。

ワンリー　なんで、僕だけ評価低いんですか！　いいですね、トンキーさんはいい名前を持っていて。
トンキー　名前というと僕たち、どうやって名前つけれてるんですかね。
ワンリー　どうやってでしょうかね。
トンキー　さいころ転がして決めるとか。
ワンリー　雑ですね。
トンキー　あみだくじで決めるとか。
ワンリー　雑ですね。
トンキー　その辺に落ちていたやつで決めるとか。あ、ワンリーか……よし、これにしよっ！
ワンリー　よし、これにしよ！　じゃありませんよ、僕の名前、その辺に落ちていたんですか！
トンキー　わかりました！
ワンリー　なにが、わかったんですか。
トンキー　僕がサイコロの役やるんでそれで決めてください。
ワンリー　どうやってサイコロの役やるんですか！
鈴木　兵隊さんたちには彼女たちの言葉は届かない。もちろん、菅谷さんや渋谷さんたちにも届かない。身振り手振りで漫才をする彼女たちの姿、それはとても奇妙に映ったに違いない。声が届く僕はただ、彼女たちのセリフに胸が締めつけれた。ワンリーは途中で倒れた。ごめん、ごめんよ2人とも。
中達　ははは、中々いい余興でした！　面白かったですよ！　とても。さ、もういいでしょう。兵隊さん方構えて下さい。……行きますよ……撃て！……撃て!!……なにやってるんだ撃てよ!!（兵隊たちに襲いかかる）
兵隊①　撃てません！　中達さん、俺たちに命令しないでくれ。
兵隊②　俺たちに……撃たせないでくれ！
中達　なにいってるんだよ！　仕事だろ、日本のためなんだよ！　お前ら兵隊だろ！　撃てよ!!
菅谷　日本のためって何。動物を殺すことがお国のためなの！
中達　うるせえよ！　いってるんだよ、長官が大達さまが、天皇様が！　従えよ、お前ら！
トンキー　福田さん。
鈴木　ワンリー！
トンキー　福田さん。ワンリー頑張ったんだ。笑顔で送ってやってよ。
鈴木　笑顔で送り出すなんて……できないよ！

鈴木逃げ出す。

兵隊①　中達さん、もうほっといてやろうよ。
トンキー　ねぇ、みんな。みんなはワンリーを見て幸せだった……？

兵隊たちにはトンキーの声は届かない。しかし、兵隊たちはゆっくりとワンリーに敬礼をする。

トンキー　ワンリー見てるかい、今度は……僕の番だ。

世界は再び現実の世界へ戻る。

第7場　そして、現実、そして、嘘

天気は雨。
鈴木が中学校の前の歩道に立っている。そこへ傘を差した先生が現れる。

先生　鈴木君!?
鈴木　……先生？　ここは？
先生　ここは？って学校の前だけど？
鈴木　戻ってきたのか？
先生　うん、いきなり飛び出した時はびっくりしちゃった。雨に打たれて、ちょっとは落ち着いた？
鈴木　ごめん、先生、全然落ち着いていない。むしろ動揺しきってるんです。
先生　鈴木くん、さっきのことなんだけど。
鈴木　さっき？
先生　『くだらないことやってきた僕たちが、この本で何を表せばいいんですか！』って出てったじゃない。
鈴木　ああ、うん。大分昔の話に聞こえます。
先生　でね。思ったの。あなたはくだらないことなんてやっていないって。
鈴木　えっ。
先生　いつだってお客さんのことを思ってくだらないことをやってきた。それは鈴木君だけじゃなくてみんなそうだけどね。
鈴木　お客さんを思って。
先生　そんなくだらないことはくだらなくなんてないわよ。くだらなくない。
鈴木　そう、人を笑わせたり楽しませることも感動よ。戦争ものでお涙ちょうだいじゃつまんないわ。
先生　そうですね。
鈴木　ね、この象だってそう思ってるんじゃない。
先生　どういうことですか。
鈴木　（英語の教科書を借りて）ほら、ここの文。
先生　『飼育係の人が、檻のそばを通りかかると、象たちは立ち上がり、空高く鼻を持ち上げる。水や食べ物がもらえると思い、芸をしたのだった』
鈴木　これって、飼育係の人が元気ないからくだらない芸をして喜ばせたかったんじゃないのかな。
先生　自分はエサを食べていないのにですか。
鈴木　それくらい優しい動物なのよ。
先生　まるで見てきたかのようですね。
鈴木　どう、この設定。
先生　多分当たっています。
鈴木　えっ？
先生　（傘から抜ける）火の雨が、爆弾の雨が降ろうとも、笑いの雨を降らせるさ。それが幸せの動物園。上野動物園。僕たちの誇り……です。
先生　何それ。
鈴木　福田さん……その本のみんなのセリフです。
先生　あなたこそ見てきたかのようね。
鈴木　見てきました。本当に。
先生　えっ？
鈴木　あの……もう少し時間をください。
先生　なんで。
鈴木　台本、書き直したいんです。
先生　うん。楽しみにしてる。
鈴木　ありがとうございます！

再び世界は本の中へ。鈴木は英語の教科書をめくりだす。
この本の登場人物が語りだす。

鈴木　でも、どうすりゃいいんだよこれ、どうやったら戻れるんだよ。
菅谷　福田さん、トンキーの容態も思わしくはありません。
ワンリー　福田さん、僕らをここから出してくれないかい。
古賀　いいかい、福田くん、君は変だ。
アリ　福田さん、なんとかいってみろよ！
ジョン　福田さん、わかるかいジョンだよ！
兵隊①　福田さんだっけ、いいよ。やんなよ。
渋谷　福田さん、なんでそんな勝手なことしたんですか！
中達　さすがは福田さん、お優しい飼育員ですね！
カテリーナ　福田さん、ここはそういう場所なんだろ！
トンキー　僕、お父さんは福田さんがいい！
全員　（バラバラにささやき、それが強くなる）福田さん……福田くん……福田さん……福田さん。
◎全員　福田さん!!!

福田さんが現れる。

福田　ごめんな。
鈴木　福田さん？
福田　鈴木颯くんだっけ。いろいろ無理させてごめんな。
鈴木　無理だなんてそんな。
福田　いや、みんなのためにしてくれてありがとうな。
鈴木　……。
福田　どうだ、俺たちの仕事くだらなくなんてないだろ。
鈴木　いえ、くだらないです。象に漫才仕込むなんて本当くだらない……幸せな仕事です。
福田　だな。さて、最後の仕事だ。
鈴木　でも、それは福田さんが。
福田　意気地になるな。見栄はるな。この世界でお前が得るものはきっとある。……これから見るお前の夢が、嘘がお前の真実だ。だからもう逃げるな。
鈴木　……はい！

鈴木は走り去る。
福田は鈴木の置いていった英語の教科書を拾いぱらぱらとめくる。

いつの間にか漫才の稽古をしているトンキーがいる。

トンキー　どうもーエレファントカシマシです。トンキーです！……だけでーす！　いやーようこそいらっしゃいました。そこの飼育員の疲れていませんか。こちら見て少しでもリラックスしていっていきませんか！　あ、そこの兵隊さん、僕これから芸をするんで見ていってくれませんか。象が芸する。象だけに象しようもない。なんちって……ねぇ、見ていってよ。おもしろくなんかないかもしれないけど、僕はみんなを幸せにしたいんだ。

鈴木　（走ってきて）若干、１名遅れております‼……どうも、福田さんだよ！

トンキー　福田さん……。

鈴木　ごめん、トンキー。ちゃんとワンリーとの漫才見てあげられなかった。

トンキー　いいんだよ、福田さん。こうして戻ってきてくれたじゃないか。

鈴木　途中で逃げ出した。だからごめん！

トンキー　えっ。でも、僕もうすぐ……死んじゃうんだよ。

鈴木　トンキー、漫才をしよう。

鈴木　トンキー。最後の最後まで、どんな困難なことがあっても僕たちの使命は人を幸せにすること……でしょ。

トンキー　火の雨が、爆弾の雨が降ろうとも、

◎２人　笑いの雨を降らせるさ。

トンキー　それが幸せの動物園、

鈴木　上野動物園。

◎２人　僕たちの誇り！

トンキー　やろう。福田さん！

鈴木　ああ！

漫才の雰囲気へ変わる。

しだいに、トンキーが起き上がって芸をしているのを飼育員や古賀、兵隊、中達たちが見に来る。

鈴木の姿はトンキーにしか見えない。

鈴木　さぁさぁ、みんなトンキーと福田さんの漫才が始まるよ。世界で漫才をする象と人間のコンビはここだけだ！　この上野動物園だ！　よってらっしゃいみてらっしゃい、これから始まる大舞台をどうぞご覧あれ！

トンキー　どうもーエレファントカシマシです！のトンキーです！

鈴木　どうも、福田さんだよ！

トンキー　象の檻の中で、人間と象でお送りしております。

鈴木　いや、変な人変な人とは言われてますが、まさかこんな変な象と漫才することになろうとは。

トンキー　嫌なんですか。

鈴木　突っ込みきたら僕とんでっちゃうじゃないですか。

トンキー　大丈夫ですよ。弱パンチでやりますんで。

鈴木　あーよかった。で、弱パンチってどれくらい。

トンキー　ライオンが死にます。

鈴木　僕死んじゃうじゃないですか！

トンキー　大丈夫ですよ！　僕が心臓マッサージしてあげますんで。

鈴木　僕死んじゃうじゃないですか！　心臓がパーンって‼　パーンって……。（心臓とトンキーを見る）

トンキー　大丈夫だよ。福田さん、僕はまだ大丈夫。

鈴木　はい！　うーエレファントカシマシー！

トンキー　食べちゃうぞ！

鈴木　食べないでくださーい！

トンキー　この漫才は太陽の貴公子、この動物園のアイドル、絶対的王者トンキーと、短足胴長変な人、福田さんでお送りします。

鈴木　なんで、僕だけ悪口なんですか！　いいですね、トンキーさんはいい名前を持っていて。僕なんて、くだらないただの人間で……。

トンキー　大丈夫くだらなくなんてないよ。福田さんはくだらない人なんかじゃないよ。

トンキーは倒れるが必死に起き上がる。
ライオンたちやワンリーやジョンなどもゆっくりと現れ、トンキーたちを見守る。

トンキー　みんなありがとう。みんなありがとう。僕頑張るからね。

鈴木　はい！　ありがとうございますありがとうございます。絶対いい劇作るんで約束しますんで。幸せな素敵な舞台作るんで、ありがとうございます。

トンキー　さ、福田さんも頑張っております！　象の僕も頑張りたいと思います。

鈴木　楽しんでますか、みなさん。

トンキー　幸せですか、みなさん。

鈴木　演じれる幸せ、人を幸せにできる瞬間を。

トンキー　かみしめてますか！

鈴木　トンキーまだ大丈夫？

トンキー　大丈夫‼

◎2人　火の雨が、

◎全員　火の雨が爆弾の雨が降ろうとも笑いの雨を降らせるさ、それが幸せの動物園、上野動物園、僕たちの誇り。

トンキーが倒れるのが早いのか、鈴木が泣き崩れるのが早いのかはわからない。
けれどもお互いの使命をかけた漫才は続いていく。
そこにいるものなのか、そこにいないものなのか。何に漫才をしているのかすでに不明。
しかし、人間も動物も一生懸命、他の人の幸せのために全力を尽くす。

――終幕――

上演の手続き

これまで、わが国では著作権を尊重する考え方が普及しておらず、学校演劇脚本の上演に際しても、著作権は、ほとんど無視されていたといってよい状態でした。しかし、著作権尊重の見地から、学校演劇脚本の上演に当たっては、少なくとも、つぎのようなことが守られるべきだと考えます。

著作権の尊重と、その正しい考え方の普及は、教育上からも重要な課題といえますので、ぜひご協力をお願いいたします。

(1)　義務教育段階での、学校での教育上の目的による学校演劇の上演については、著作権法の特例として著作権者の了解がなくても脚本を利用することができることになっています（二〇〇三年の著作権法改正による）。ただし教育現場以外での上演については、著作権者に上演の許諾を求める必要があります。

(2)　しかし、作品および著作権尊重の立場から、本書収載の作品の上演を希望する際は、上演届（次頁参照）を、晩成書房までお送り頂くようお願いいたします（**作者連絡用切手を添えて**）。到着次第著作権者に連絡します。

(3)　プログラム等を印刷する際は、必ず著作者名および掲載書名を表示してください。

(4)　脚本を、上演台本として必要な部数に限って複写（コピー）することは許されますが、それを他に配付したり、頒布したりすることは許されません。その必要がある場合は許諾を求めてください。

(5)　上演に際し、著作物の一部を改める際は、上演届にその旨を記し、改変された台本をお送りください。

中学校創作脚本集２０１８編集委員会

晩成書房 殿

年　　月　　日

学校（または団体）名

所在地　〒

電話

担当者名

上　演　届

このたび、『中学校創作脚本集２０１８』（晩成書房刊）収載の作品を、下記のように上演しますので、ご連絡いたします。

記

1. 脚本題名	
2. 著作者名	
3. 上演目的	
4. 上演期日	
5. 出　演　者	
6. そ　の　他	作者連絡用 切手貼付欄

中学校創作脚本集２０１８編集委員会
代　表　山下秀光　神奈川県中学校文化連盟演劇専門部顧問
元 全国中学校文化連盟理事長
元 神奈川県中学校文化連盟会長
元 神奈川県中学校文化連盟演劇専門部会長

事務局　大沢 清　全国中学校文化連盟・事務局員
関東中学校演劇研究協議会監査
前 神奈川県中学校文化連盟演劇専門部参与
〒252-0013 神奈川県座間市栗原 1278-7

中学校創作脚本集２０１８
二〇一八年八月一日 第一刷印刷
二〇一八年八月一〇日 第一刷発行
編　者　中学校創作脚本集２０１８編集委員会
発行者　水野久
発行所　株式会社 晩成書房
●〒101-0064 東京都千代田区神田猿楽町二-一-一六-一F
●電　話 〇三-三二九三-八三四八
●FAX 〇三-三二九三-八三四九
印刷・製本　株式会社 ミツワ

乱丁・落丁はお取り替えします
ISBN978-4-89380-484-6 C0074
Printed in Japan

最新中学校創作脚本集 2016・2017・2018

最新中学校創作脚本集編集委員会 編
●定価各一、二〇〇円＋税

最新中学校創作脚本集 2016

ISBN 978-4-89380-463-1

Happy Birthday＝斉藤俊雄
花咲く庭を＝浅田七絵
マブニーのアンマー＝原作・赤座憲久／脚本・島袋薫
ヌチドゥ＝島袋薫
鼓動～大空の彼方へ～＝宮国敏弘
色づいた「さよなら。」＝川崎ひかる
希望の星＝戸澤文生
たばこ屋ラプソディー＝大嶋昭彦

最新中学校創作脚本集 2017

ISBN 978-4-89380-473-0

改訂版 二つの名前＝志子田宣生
愛のかけはし～38度線のマリア 望月カズ～＝藤田有美
奇跡の集落・吉浜、命～生かされた命、伝える使命～＝岩手県大船渡市立吉浜中学校
三本脚の猫＝原案・池内麻妃／脚本・板垣珠美
GHOST FRIENDS＝北村明日香
いちご・いちえ＝小阪紫乙乃＋平成二十七年度茅ヶ崎中学校演劇部
あやかしの夜＝岩田花音
タイムトンネル＝戸澤文生
白いキャンバスに線を描く＝ちかだ よしあき

最新中学校創作脚本集 2018

ISBN 978-4-89380-477-8

なつの思い出＝斉藤俊雄
向日葵の未来＝岡本柚香
ファントムシップとパブロピカソの旋律＝横山天音＋横浜市立日吉台西中学校演劇部
旅立つときに＝戸澤文生
雪とパイナップル＝原作・鎌田實／脚色・友 朗
「Alice」より＝原作・東海大学付属第四高等学校中等部演劇部／潤作・大石ともみ・佐久間許都
イツカ、ドコカデ、君ト＝久保とみい
フクギの雫～忘れたくても忘れられない、忘れてはいけない～＝前田美幸・ハーフセンチュリー宮森

中学校演劇脚本
夏休み

シリーズ・七つ森の子どもたち
斉藤俊雄作品集
●定価二、〇〇〇円＋税
ISBN 978-4-89380-376-4

夏休み
青空
なっちゃんの夏
ときめきよろめきフォトグラフ
降るような星空
春一番

中学校演劇脚本
七つ森

シリーズ・七つ森の子どもたち
斉藤俊雄作品集2
●定価二、〇〇〇円＋税
ISBN 978-4-89380-424-2

七つ森
とも
怪談の多い料理店
ザネリ
魔術
森の交響曲（シンフォニー）

中学校演劇脚本
ふるさと

シリーズ・七つ森の子どもたち
斉藤俊雄作品集3
●定価二、二〇〇円＋税
ISBN 978-4-89380-466-2

ふるさと
アトム
Happy Birthday
夏休み［戦後七十年改訂バージョン］
私の青空［戦後七十年バージョン］
ずっとそばにいるよ

中学生のドラマ 全10巻 収録作品一覧

日本演劇教育連盟 編／定価各2,000円+税

1 現代を生きる 978-4-89380-178-4

バナナ畑の向こう側＝榊原美輝／コーリング・ユー＝堀 潮／ハコブネ1995＝須藤朝菜／最終列車＝つくい のぼる／ひとみのナツヤスミ＝高橋よしの／逃亡者―夢を追いかけて＝溝口貴子／グッィ・トイレクラブ＝いとう やすお

2 学園のドラマ 978-4-89380-189-0

Ⅱ年Ａ組とかぐや姫＝深沢直樹／石長比売狂乱＝網野朋子／絆(きずな)＝鮫島葉月／マキ＝浅松一夫／わたしはわたし＝森田勝也／閉じこもりし者＝正 嘉昭／蝶＝古沢良一

3 戦争と平和 978-4-89380-195-1

長袖の夏―ヒロシマ＝小野川洲雄／無言のさけび＝古沢良一／残された人形＝東久留米市立大門中学校演劇部／消えた八月＝森田勝也／戦争を知らない子どもたち＝平久祥恵／ガマの中で＝宮城 淳／砂の記憶＝いとう やすお

4 いのち―光と影 978-4-89380-266-8

墓地物語～夏の終わりに～＝新海貴子／ステージ＝上田和子・田口裕子／リトルボーイズ・カミング＝堀 潮／黒衣聖母＝網野友子／梨花 イファ＝高橋ひろし／mental health―病識なき人々＝渋谷奈津子／まゆみの五月晴れ＝辰嶋幸夫

5 宮沢賢治の世界 978-4-89380-293-4

猫の事務所＝如月小春／月が見ていた話＝かめおか ゆみこ／どんぐりと山猫(人形劇)＝伊東史朗／星空に見たイリュージョン＝深沢直樹／太郎のクラムボン＝古沢良一／セロ弾きのゴーシュ(音楽劇)＝和田 崇／ジョバンニの二番目の丘＝堀 潮

6 生命のつながり 978-4-89380-329-0

だあれもいない八月十日＝佐藤 伸／森のあるこうえん……＝高橋よしの／おいしーのが好き！＝吉原みどり／コチドリの干潟(うみ)＝いとう やすお／めぐり来る夏の日のために＝仲西則子／母さんに乾杯！―命のリレー―＝大貫政明／スワローズは夜空に舞って 1978年を、僕は忘れない＝志野英乃

7 友だち・友情 9784-89380-345-0

デゴイチ＝正 嘉昭／ときめきよろめきフォトグラフ＝斉藤俊雄／涙はいらねえよ。＝泰 比左子+前川康平／迷い猫預かってます。＝志野英乃／DIARY～夢の中へ～＝新海貴子／けいどろ＝上原知明／チキチキ☆チキンハート＝山崎伊知郎

8 家族って、なに 9784-89380-401-3

おもいでかぞく＝浅田七絵／あーたん・ばーたん＝松村俊哉／現代仕置人―消えてもらいます＝新海貴子／開拓村のかあさんへ＝高橋ひろし／彫刻の森へ＝照屋 洋／マイ・ペンフレンド＝伊藤あいりす・いとう やすお／なずなとあかり＝高橋よしの

9 夢―ファンタジー― 9784-89380-421-1

BON VOYAGE～良き船旅を～＝正 嘉昭／ストーンパワー＝照屋 洋／未完成＝森 澄枝／鬼平あらわる！＝神谷政洋／ベンチ＝福島康夫／PE! PE! PE! PENGUINS!!～2011～＝西川大貴／Alice～世界がアリスの夢だったら～＝西本綾子

10 絆―北から南から 9784-89380-433-4

銭函まで＝竹生 東・室 達志／Huckleberry friends＝志野英乃／ふるさと＝斉藤俊雄／グッジョブ！＝山﨑伊知郎／覚えてないで＝南 陽子／LAST LETTERS FROM MOMO＝松尾綾子／朗らかに～今、知覧に生きる～＝永田光明・田代 卓(補作)

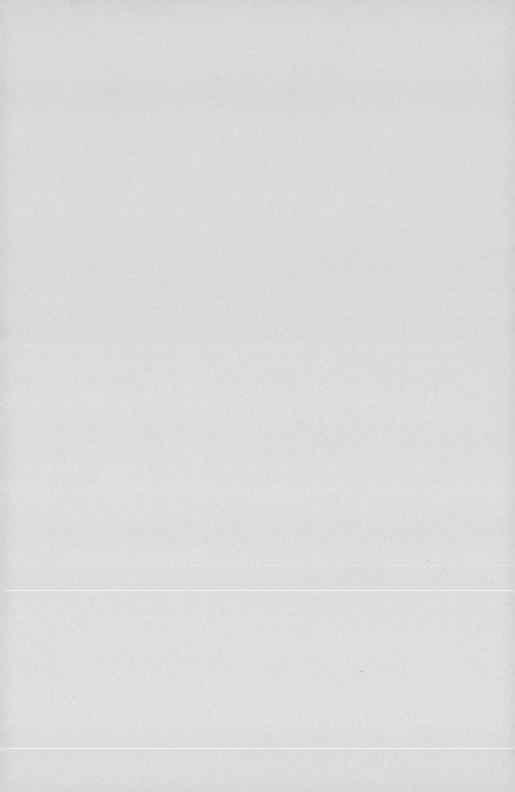